希望をもって生きる 第2版

自立支援プログラムから生活困窮者支援へ 釧路チャレンジ

釧路市福祉部生活福祉事務所編集委員会　編

CLC Community Life Support Center

発刊によせて

自立支援への挑戦

北海道大学公共政策大学院
特任教授　小磯修二

　早いもので釧路市で生活保護受給者の自立支援に向けた独自の取り組みが始まってから 10 年が経過しました。その頃の釧路市は、基幹産業である水産業の低迷や炭鉱の閉山などにより地域経済が急速に疲弊し、きわめて厳しい雇用環境にありました。そのような時期に、国から生活保護受給者の就労に向けた方策を進めるようにという指導があったと聞いたときは、正直なところ、釧路市にとってはたいへんな難題だなと思いました。

　当時私は釧路公立大学の地域経済研究センターに在職しており、釧路市からの相談を受けて大学の研究者と一緒に生活保護母子世帯の現状調査や、子どもの教育面からの貧困の再生産の実態分析などの共同研究を進め、側面からお手伝いをしていました。

　自立支援に向けての方策については、釧路市生活福祉事務所を中心に、社会福祉団体や NPO 関係者、大学研究者、民間人など幅広いメンバーの人たちが集まって、時間をかけて粘り強く議論を積み重ねていきました。特に、お互いの立場を超えて幅広く意見を出し合いながら、生活保護受給者の気持ちをていねいにくみ取りながら議論が進められていたことが印象に残っています。その後、中間就労支援という仕組みによる釧路市の独自の取り組みは全国から注目を集めることになりますが、私はその関心の底流には、政策を提供する側ではなく、受ける側の目線に立った施策を地域が独自に工夫して、

提起し、実践していく姿への共感があったように思います。国が主導する硬直的な政策の限界を打破していく地方からの挑戦の姿勢が、同じ悩みをもつ多くの地域に共鳴したのでしょう。

　私は、地域経済や都市、交通分野の政策に関わることが多く、福祉分野については門外漢でした。しかし、共同研究を契機に生活保護政策の実態を調べていくと、狭い福祉政策分野だけで解決していくことの限界を感じました。生活保護受給者が自立していく状況を整えていくためには、福祉政策だけでなく、雇用政策、産業政策、教育政策、医療政策など幅広い分野にわたる連携がなければいけません。もちろん部門を超えた政策調整は難しい命題ですが、地域のレベルであれば、横の連携はやる気になれば可能です。そこから国のタテ割り構造の限界を超えた、より質の高い政策を構築していけるという醍醐味も生まれるのです。人口減少が進む地域にとって、就労、雇用の安定的な維持、創出は一層重要な課題で、生活保護から自立、就労に向けての支援政策は、福祉の枠を超えて、これからの地域政策につながる重要なテーマとなってきています。本書で紹介されている釧路で育まれた自立支援に向けた挑戦の伝統は、これからの地域政策に幅広く通用する貴重な政策経験でもあるのです。

　生活困窮者自立支援法により 2015 年度から新たな自立支援事業がスタートしました。釧路で始まった自立支援の挑戦が、全国各地で展開していくことになります。自立支援政策をさらに進化させていくためには、釧路で実践された活動についての体系的な整理、分析、検証は欠かせません。本書が発刊される意義はまさにそこにあるでしょう。

はじめに

釧路市福祉部 部長　土屋　敬視

　身体的、精神的な病気や障がいのほか、失業して再就職できずに収入が途絶えたことによるものなどさまざまな要因により、自力では生活することが困難な方々に対して、最低生活を保障しながら、自立を支援することが生活保護の目的です。

　釧路市では、2004（平成16）年度から2年間、国のモデル事業として実施した母子世帯を対象とした事業の結果をもとに、地域の実情に合った自立支援の取り組みを進めてきました。

　その際大事にしてきたことは、就労による経済的な自立だけではなく、生活保護受給者自身が、健康や生活の管理を行うなどといった日常生活における自立と社会的なつながりを回復し維持する社会生活における自立への支援です。

　この自立支援に取り組んで10年が経過し、生活保護の受給者数は2013（平成25）年7月以降減少傾向で推移しているなど、徐々にその成果が表れてきております。

　人口急減・超高齢化社会に突入し、地域のコミュニティ機能が低下するなど、社会環境が大きく変化してきています。誰もが住み慣れた場所で安心して暮らすことができるよう、認め合い、支え合うことが求められています。釧路市では、さまざまな事情を抱えて支援が必要となっている人たちに対し、それぞれに合った自立への第一歩が踏み出せるよう、これからも寄り添い型の支援を行っていきたいと考えております。

　生活保護を受給しながらなんとか暮らしができても、疎外感、喪失感、孤独感などから生きる気力を失っている人たちが、人と関わることで、社会の役に立っていることを実感し、自身の存在感に気づくことがたいせつなのです。本書を通じて、一人でも多くの方が希望をもって生きることができる社会になることを願うものであります。

発刊によせて　3

はじめに　5

第1章　当事者と援助者がともに地域に生きる「自立支援」の試み

1　生活保護・釧路の現状 ……………………………………………………10

釧路市の概要　10

急増する生活保護　11

データで見る釧路の生活保護　12

生活福祉事務所に立ちはだかる困難　16

井の中の蛙　19

2　自立支援プログラムへの取り組みーモデル事業始まる ………………20

自立支援モデル事業の始動　20

これも三位一体　21

第三者評価はきびしい　22

試されるケースワーク　23

外に目を向けて　25

第三者評価、ワーキング・グループ会議の提案　27

勇気をもらう　29

3　自立支援プログラムの本格的始動 …………………………………………31

戸惑い・温度差　31

自立支援の本格化　32

業務検討委員会のあり方　34

第2章　自立支援プログラムの到達点と課題

1　自立支援プログラムのさらなる飛躍を目指して ………………………40

「評価と検証」のための第二次ワーキング・グループ会議　40

2　自立支援プログラムの到達点 ……………………………………………………… 42

　　自立支援プログラムの到達点と成果　42

　　新たな「自立」概念の構想とその実践化　42

　　自立支援事業の先鞭としての社会的影響—新たな地域づくりへの視点　43

3　自立支援プログラムの課題 ……………………………………………………… 44

　　自立支援プログラムの成果と課題をふまえた「自立像」の練り直し　44

　　事業の成果・到達についての評価基準をどのように確立するか　45

　　対外的な評価・認知度と釧路市内における評価・認知度とのズレ　46

4　「釧路の三角形」再考 …………………………………………………………… 48

　　「自立」をどのようにとらえるか　48

　　「中間的就労」の再定義　50

5　地域における人・情報・サービスの結節点（＝ハブ）の創設 ………… 52

　　人・情報・サービスの「ハブ」として　52

第3章　釧路市のプログラム

1　多様なプログラムで個々に合った体験 ……………………………………… 56

2　生活福祉事務所の取り組み状況 ……………………………………………… 62

　　生活福祉事務所ができること　62

　　生活福祉事務所の活性化　63

　　民間との協働と開かれた生活福祉事務所　63

　　多様な働き方を認める　64

　　自立生活支援員の機能と役割　64

3　自立支援プログラムに参加して ……………………………………………… 65

4　子どもの学習支援 ……………………………………………………………… 80

　　学力向上　81

　　寺子屋風　82

5　居場所の必要性 ………………………………………………………………… 82

本人の"気づき"を促す　82

働くことからの責任感　83

第4章　生活福祉事務所の挑戦

1　アセスメントの活用と援助方針 ……………………………………… 86

2　生業扶助の効果 ……………………………………………………… 89

生業扶助を取り巻く情勢　89

生業扶助の支給状況　90

生業扶助の効果　91

扶助費支給額への影響　94

3　SROI 評価（社会的投資損益率）…………………………………… 95

4　今後の自立支援対策 ………………………………………………… 102

出口の課題　102

受け入れ事業所に関して　103

他の地域・自治体との交流、市民への発信　104

第5章　困窮者相談の現状

1　座談会・自立支援プログラムの 10 年を振り返る ……………… 106

2　官民協働で新しい地域資源をつくる

（一社）釧路社会的企業創造協議会の設立 ……………………… 122

中間的就労の自立論から生まれた整網作業　122

相談センターくらしごとの解説　124

横へ編む、庁内連携へ　125

地域で人が育つ　125

釧路の魂—希望をもって生きる！　127

おわりに　129

第1章

当事者と援助者がともに地域に生きる「自立支援」の試み

1　生活保護・釧路の現状

釧路市の概要

　北海道東部の太平洋岸に位置し、東北海道の中核・拠点都市として社会・経済・文化の中心的な機能を担っています。2005（平成17）年10月11日には釧路市、阿寒町、音別町（飛び地）が新設合併して新生「釧路市」が誕生し、面積1,362 ㎢、人口17万8千人の都市となりました。

　国内有数の水揚量を誇る水産業をはじめ、製紙・パルプ業、炭鉱業を基幹産業に発展し、道東の文化・経済を牽引してきました。しかし、不漁や長引く景気の低迷の中で、2002（平成14）年1月の太平炭鉱の閉山にともない地域経済は一気に活力を失いました。さらに、2008（平成20）年のリーマン・ショックが追討ちをかけ、1993（平成5）年から0.6倍を下回り続けた釧路地区の有効求人倍率は、2009（平成21）年には0.32倍となりました。

　このような地域経済状況の中で、釧路市の生活保護人員や世帯数、保護率は上昇し、2012（平成24）年2月の55.9‰が最高値となりました。2014（平成26）年4月現在、被保護者9,495人、被保護世帯数6,566世帯、保護率53.2‰となり、被保護世帯の世帯類型別比率は、高齢者世帯43%、母子世帯11.4%、傷病・障がい世帯28.1%、その他世帯17.5%となっています。

図1　保護率・稼働率の推移

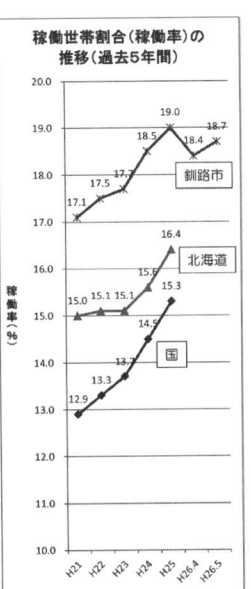

急増する生活保護

　釧路市福祉部生活福祉事務所は、釧路市の生活保護行政を担当する部署です。2009（平成21）年度に入り、1か月で3桁を超える生活保護申請の事務執行に追われる日々が続いていました。私たちの仕事は、生活保護法に基づき、以下の目的に沿った仕事をすることです。

　生活保護制度は、日本の社会保障制度の大きな柱の一つです。憲法第25条の生存権保障に基づき、失業、病気などさまざまな理由により生活が困窮した人たちに、その困窮した状態に着目して保護の要否を取り扱う制度です。

　生活保護制度には、大きく2つの目的があるといわれています。第一の目的は「最低生活の保障」です。具体的には、国が定めた「生活保護基準」に従い、「生活・住宅・教育・介護・医療・出産・生業・葬祭」

の8つの扶助を設け、受給する世帯の状況に応じて金銭を中心とする給付を行うものです。もう一つの目的は「自立の助長」と呼ばれるものです。それは、生活保護受給者が働くことなどで収入を得たり、年金を受給したり、仕送りなどの扶養援助等により、「生活保護費を支給されなくても生活ができる経済的自立」を目指すことを指します。これを生活保護行政の側から見ると「保護からの脱却・保護廃止を目指して指導する」ことになります。これが最近までの「自立」であり、「その助長」であると理解されてきたものです。

データで見る釧路の生活保護

釧路市の生活保護受給世帯の現状推移を図から確認をしてみましょう。保護世帯数・人員・保護率を少し長いスパンで見ることで流れが理解しやすくなります。世帯類型の変動は時代を象徴していることがよくわかります。自立支援プログラム開始からの就労や自立者の推移、稼働者状況も大きな変化を読み取れると思います。

図2　保護世帯数・人員および保護率の推移（年度平均）

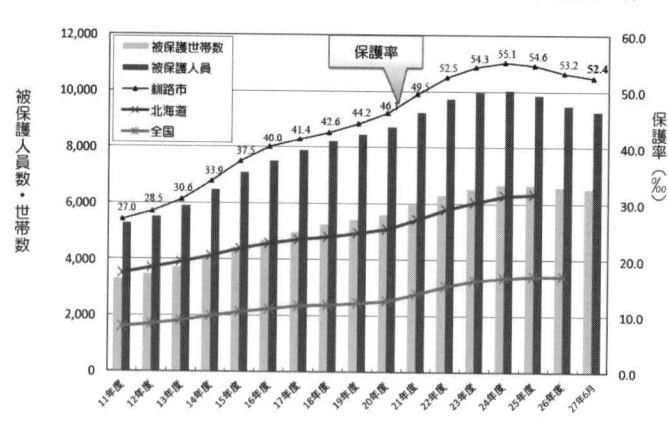

2002（平成14）年〜2004（平成16）年の3年間で生活保護率が10‰の上昇をし、また2008（平成20）年のリーマンショック時に10‰近く上昇し、生活福祉事務所の相談件数も想像以上のものでした（図2）。

　図3は、世帯類型別での特徴です。母子世帯は全国平均の1.5倍、高齢者世帯は全国平均を下回っています。

図3　世帯類型別比率の推移

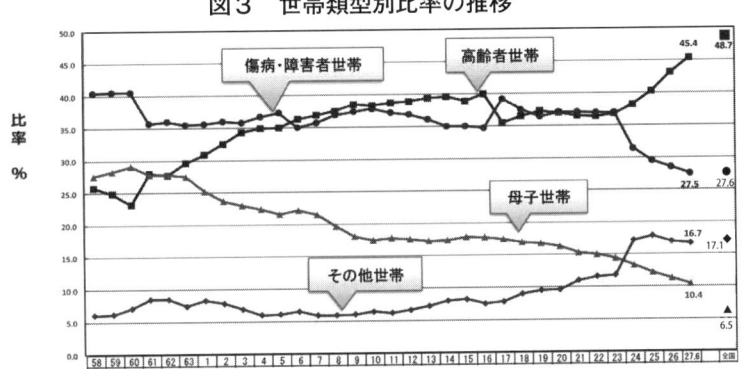

　就労収入減を理由とする保護開始がこれまで多かったのですが、2014（平成26）年度からは大きく減りました。代わって高齢者の受給割合が増えています。

図4　開始理由の推移

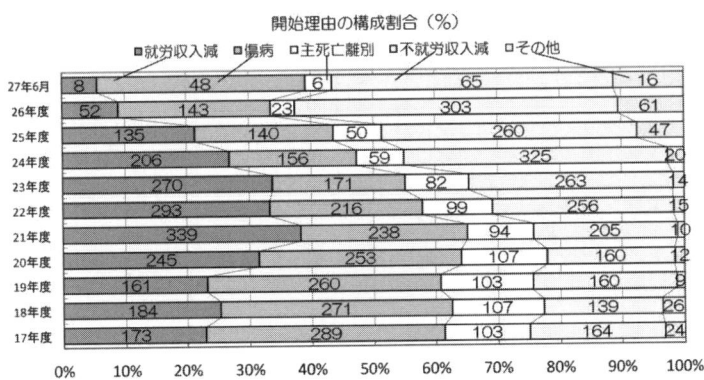

図5を見ると、収入増による廃止が増えたことがわかります。自立支援は時間はかかりますが、着実に成果が出ています。保護率と有効求人倍率については相関関係にあり、それが顕著に現れているのが図6です。

図5　廃止理由の推移

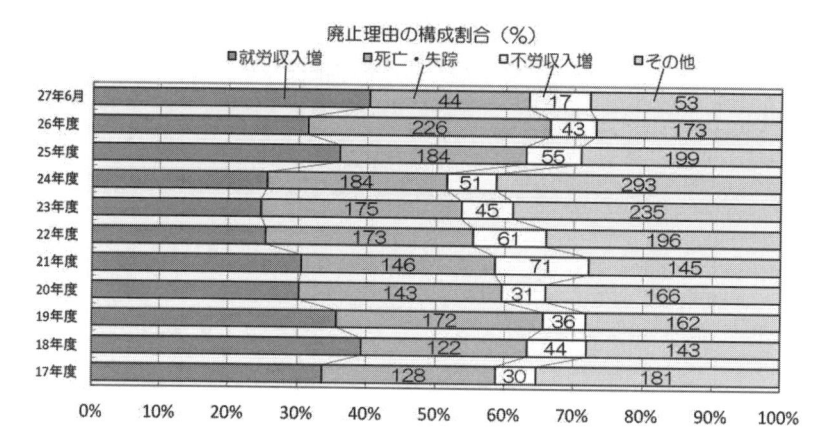

図6　保護率と有効求人倍率

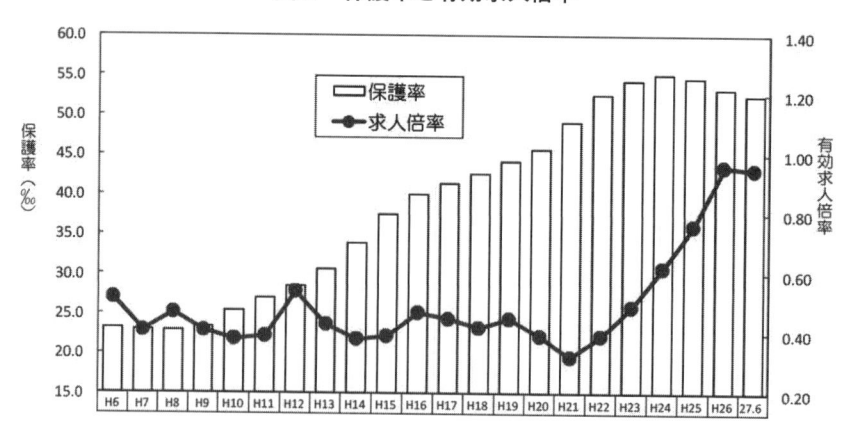

14

図7の生活保護受給世帯の稼働率については、年々稼働率が増えている状況で全国平均を大きく上回っています。図8の自立支援プログラムの参加状況についても上昇傾向であり、社会とのつながりや孤立感からの脱却が今後見込まれます。

図7　世帯の稼働状況（年度平均）

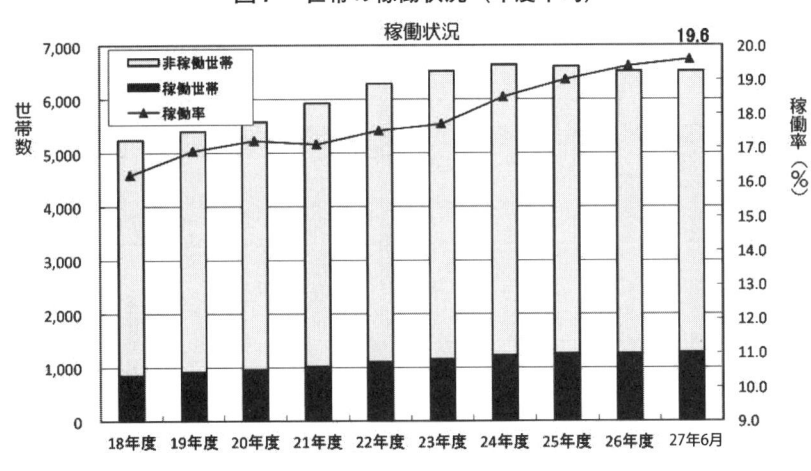

図8　就労・自立者の推移

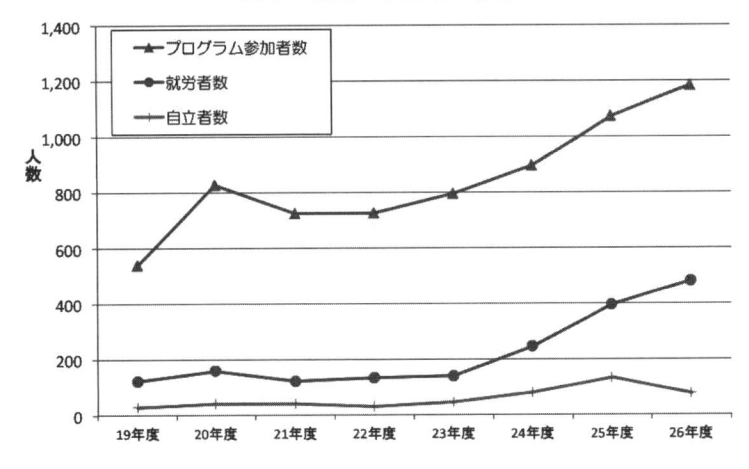

稼働年齢層（18歳～64歳）が自立支援プログラムに参加することで、稼働に対する意欲向上と自ら元気を取り戻す一役を担っています。

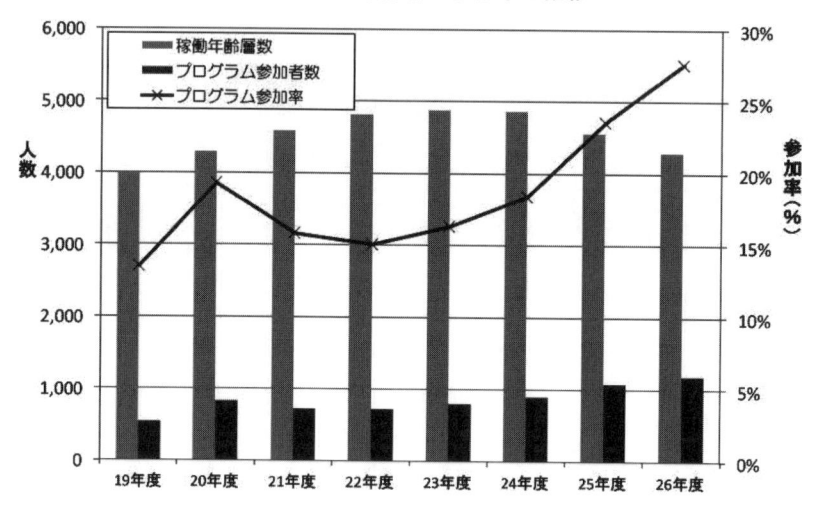

図9　稼働年齢層の参加率の推移

　生活保護行政は、最低生活の保障を中心とした法定受託事務と「相談・助言」（法27条2項）の自治事務で成り立っていますが、適正な事務執行とともに釧路市の条件や実態に合った創意工夫のある「自立助長」の取り組みが求められています。

生活福祉事務所に立ちはだかる困難

　2002（平成14）年1月に、国内で最後に残った釧路市にある太平洋炭鉱が閉山することになりました。事態の深刻さを身をもって実感するようになったのは、その年の10月頃でした。釧路地域は冬季間が長く、きまって秋口になると保護申請が増える地域でしたから、保護申請の増

加についても「季節的なこと」だろうという印象をもっていました。しかし、その増加傾向は衰えず、ケースワーカーの新規調査件数が目に見えて増え、ケースワーカーの慢性的過重労働も一向に改善しない事態が続きました。2003（平成 15）年度に入り、職場の業務を改善しようと 2002（平成 14）年度から立ち上げていた「業務検討委員会」でこうした問題を検討することになりました。そのなかで、これまでの経験則で計ることはできない事態ということから、生活保護受給率傾向から未来の予測をしようと最小二乗法という統計手法で測定してみました。その結果、過去の傾向からこうなるであろうという予測ラインを大幅に上回る受給率の上昇実態が明らかとなりました。統計手法に明るいケースワーカーは、平成 14 年秋口からの保護申請・開始について「（受給増は）急カーブの上昇」と分析しました。2002（平成 14）年をはさんだ 3 年ほどの間に、生活保護の受給率は、人口 1,000 人あたり 30 数人〜40 人台へと一気に達することになりました。今にして思えば、2002 年度は、今日の釧路市の生活保護のありように通底する質的変化があった年として、ターニングポイントであったと思います。

　このような急速な受給者増加は、生活福祉事務所とケースワーカーの肩に重くのしかかりました。ケースワーカー 1 人に受給世帯 80 世帯といわれる「標準数」という決まりは、努力目標に過ぎず、これまで一度も達成されたことはありません。慢性的なケースワーカー不足の中で、超過勤務も恒常化していましたし、申請者が多いため、保護の要否を判断する「新規調査」という仕事に忙殺される毎日でした。生活福祉事務所は、市役所の仕事の中では「もっとも行きたくない職場の一つ」といわれていました。個々のケースワーカーは一生懸命与えられた仕事をこなしていましたが、生活福祉事務所全体としてはただただ受身にならざ

るをえない毎日でした。市民の中で巻き起こる生活保護や受給世帯をめぐるさまざまなモラルパニックといわれることに対応できる状態ではありませんでした。困難をあげればきりがありませんが、第一は、2001（平成 13）年度の当市の生活保護受給世帯の稼働収入認定漏れなどのいわゆる「濫給・不正受給」問題が指摘されたことで、通常業務のほかにその対応や解決に多くの時間を費やさなければなりませんでした。仲間である市の他部署の職員からも「お前たちは何やってるんだ」と白い目で見られているのではないか……と思うだけで、自然に下を向いて市役所の中を歩くような状態でした。そうした濫給問題に追われる一方、市民から「生活保護のあり方について、きちんと調べたのか？」「職員は何をしているんだ」などときびしい視線が注がれました。これまでも指摘を受けることはありましたが、受給人数が市民 30 数人に 1 人から 20数人に 1 人……というように身近になると、その日常生活が常々問題にされ、電話口の対応で済むことではなくなっていったのです。

　第二に、急増する受給世帯、追いつかない現場のケースワーカーの体制……、この不毛のいたちごっこから抜け出すことができませんでした。新規調査や継続受給世帯の家庭訪問、「不正受給対応」で精一杯という毎日が続きました。いわゆる振り回されるという状態が日常茶飯事で、それだけで疲れてしまい、「支援・援助」という気持ちも余裕もない状態でした。

　そのようななかでも、「どうにかしなければならない」という思いから、同じ市役所の仕事として、職員に理解され、異動してもよいと思われるような職場になるための待遇改善や合理的な事務執行の提案などを行う「業務検討委員会」を立ち上げたのです。

　業務検討委員会では、わかりやすい問題解決から取り組むこととし、

一番の関心事であるケースワーカーの人員不足を解消することから始めようとしました。ケースワーカーの体制整備の課題は、日々の「処遇論」にも通ずる議論にもなりました。この委員会の提案は、労使双方にも理解を広げていき、職場をなんとかしようという熱気のようなものが、その後の2004（平成16）年からの自立支援モデル事業を受ける空気につながっていったように思います。

井の中の蛙（かわず）

2000（平成12）年、社会福祉事業法が社会福祉法に変わり、「社会福祉の基礎構造改革」ということが言われました。「措置から契約へ」という言葉に代表されるこの「改革」は、これまでの社会福祉制度が、「国の責任を果たす」ことが第一義的であったことでその陰にかくれてしまっていた、制度利用者、当事者の権利や利益を表に出し、それを制度の基本とするというもので、新設された「介護保険法」は、その象徴とされるものでした。その後、そのような社会福祉法の理念に沿って、児童福祉法をはじめ福祉関連法が次々と「改正」されました。

私たちは、目の前の現実に追われ、また財政のきびしさから、他法に余力がなくなっていき、すべからく「生活保護世帯は生活福祉事務所へ」という、いわゆる「丸投げと丸抱え」の流れに浸かっていたせいか、生活保護行政の現場では、この社会福祉法の精神云々の話は遥か遠い世界のものとして受け流していたように思います。

2005（平成17）年3月末、厚生労働省は、社会保障審議会福祉部会の「生活保護制度のあり方に関する専門委員会」の報告書を受け、「経済的な給付に加え、組織的に被保護世帯の自立を支援する制度に転換」するため、その具体的実施手段として「自立支援プログラム」の導入を

推進していくとする社会・援護局長通知を発出しました。

　このなかで、「就労による経済的自立（就労自立）のためのプログラムのみならず、身体や精神の健康を回復・維持し、自分で自分の健康・生活管理を行うなどの日常生活において自立した生活を送ること（日常生活自立）、および社会的なつながりを回復・維持し、地域社会の一員として充実した生活を送ること（社会生活自立）」を目指すプログラムを幅広く用意し、被保護者の抱える多様な課題に対応できるように……という「新しい自立観」と生活福祉事務所のあり方を提示しました。

2　自立支援プログラムへの取り組み―モデル事業始まる

自立支援モデル事業の始動

　2004（平成16）年度に入り、いよいよ自立支援モデル事業の取り組み開始です。釧路市のほかにモデル事業に取り組んでいる福祉事務所が全国に何か所かあるということを知り、どうしているのかが気になり、情報収集を始めながら北海道庁の生活保護グループを訪ねました。同グループの池田俊博主幹（当時）から「必要なら会議等にうかがい援助するので遠慮なく」と励まされました。全国のモデル事業に取り組むほかの実施機関の情報がわかるにつれ、そのダイナミックな事業規模に驚きました。「シンクタンクが活用されている、予算規模も大きい」など、条件に恵まれた都市部のモデル事業概要を耳にして、なんの根拠もないのに闘志にだけは火がつきました。闘志といっても「田舎に、シンクタンクなんてあるわけないべさ」という妙な感情が入り混ざった複雑なものでした。何をするのかが決まっていないにもかかわらず、「負けたく

ない」という気持ちにだけはスイッチが入ってしまったのです。

しかし根拠のない闘志だけに空回りばかりです。北海道の片田舎で「何ができるのか」と悩む日々が続きました。2000（平成 12）年の「社会的な援護を要する人々に対する社会福祉のあり方に関する検討会報告書」をはじめ、独立行政法人労働政策研究・研修機構が当時発行していた『母子家庭の母への就業支援に関する研究』など、母子に関する資料あさりをしながら、何か手がかりはないものかという思いと「やらなくちゃしょうがない」という気持ちだけで、にわか仕立ての「問題意識」をもって地元の釧路公立大学の研究室を訪ねました。構想も何も定まっていませんでしたが 2 時間近くほぼ一方的に話をし、「なんとか力を貸してもらえないか」というような話をしました。応接した中囿桐代先生には手順や内容は別として、「胡散くさくはなさそうだ」ということは汲んでいただきました。

これも三位一体

市役所がこの種の事業に取り組む場合、「枠組み・要綱・予算」がとても大事になります。なかでも「手順・推進体制の構築」をどうするのかが難問でした。検討委員会の進め方については、調査研究とそこから得られた知見を生かして支援策を考えるという、大学主導で運営する案などを当初考えました。少なからず「大学にまかせたい」という気持ちもありました。それは、生活福祉事務所が抱えていては立ち往生しないかという心配や、第三者による議論の結果に一定の距離を保ちたいといった思惑も率直にありました。しかし紆余曲折を経て、丸投げせずに生活福祉事務所が大学との調査研究や支援策を検討するワーキング・グループの事務局として「モデル事業の責任」を負うことになり、正直な

ところ、もう逃げられないなという覚悟をもちました。そうして「三位一体体制」（図10）の枠組みができました。大学との調査研究では、アンケート対象者の抽出や用紙の配付、市勢資料の用意、調査の分析の検討にも参画しました。「ワーキング・グループ会議」では、支援策を検討するために、生活保護の仕組みや現状、特に母子世帯の実態と処遇状況、支援策案の提示など必要な情報の公開を図り、検討の活性化を心がけました。また支援策の試案をもとに試行実践し、その結果を検討会に反映させました。

図10　全体構図（策定と推進）

2004（平成16）年度　～　2005（平成17）年度

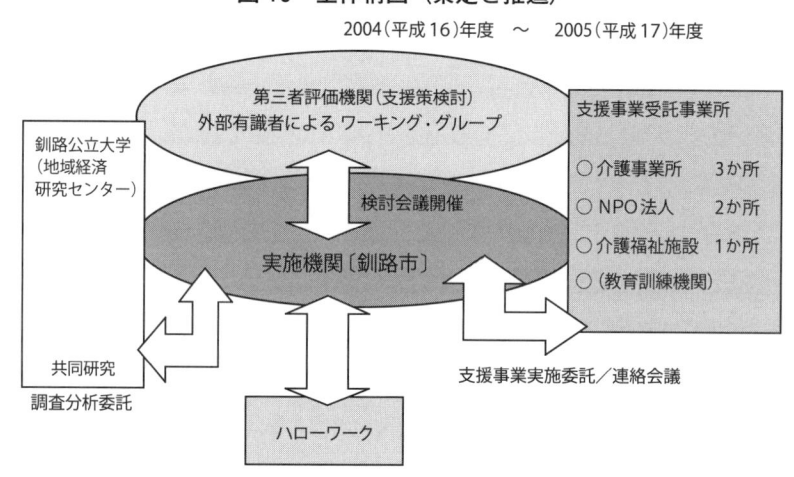

第三者評価機関（支援策検討）
外部有識者による ワーキング・グループ

釧路公立大学
（地域経済
研究センター）

検討会議開催

実施機関〔釧路市〕

支援事業受託事業所

○ 介護事業所　　　3か所

○ NPO法人　　　　2か所

○ 介護福祉施設　　1か所

○ （教育訓練機関）

共同研究

調査分析委託

支援事業実施委託／連絡会議

ハローワーク

第三者評価はきびしい

モデル事業で何よりも大事なことは「母子世帯への支援策」の策定ですが、これまでの生活福祉事務所の仕事の仕方や職場文化からいって、自前で考えても決まりきったことしか出てこないことはわかっていました。当時の泉博生活福祉部第1課長や野瀬義文同第2課長から、「モデル事業なんだから思い切ったことを考えなければダメなんだ。普段と同

じことをしていちゃダメなんだ」と言われて、「ワーキング・グループ会議」のメンバーには、予定調和的な議論を求めるつもりがないことから、バラエティに富んだ人選を行いました。教育委員、NPO役員、大学教員など、普段接することが少ない人たちに市役所関連部署の職員とともに加わっていただきました。

　ワーキング・グループというのは、〇〇委員会があって、その作業部会としてあるのが一般的な形ですが、当時「生活保護の問題」は庁の内外とも非常にデリケートな問題であったため、「ささやかに進めたい」という思惑も私たち行政側にはあったので、上部の委員会を設置しない作業部会が実質的な委員会ということになりました。ところがこれが怪我の功名で、専門的な構成員によって、「より実務的で実践的な議論」がされることになりました。

試されるケースワーク

　ワーキング・グループ会議は、教育委員の後藤哲子氏を座長に「生活保護の処遇の現状・支援策策定・試みの検証」などをテーマに、約1年にわたり8回開催されました。ワーキング・グループ会議に提案した支援（案）は、「就労支援・養育支援・生活支援」に分けたものでした。

　就労支援が必要な母子世帯を、①まったく就労意欲がないタイプ、②意欲はあり求職するが就労率が低いタイプ、③積極的に求職活動し就労率が高いタイプの3つに分け、技能習得費の活用での資格取得、ハローワークとの生活保護受給者等就労支援事業への参加と活用、生活福祉事務所の就労支援員による面談、履歴書きやハローワークでの情報検索システムの操作講習などを支援策（案）として提案しました。

　また養育支援では、就学前の子どもと小学校低学年の就学児童に分

け、おもにそれぞれの年齢に合った保育所や幼稚園の通園、子育て支援グループのもつ地域資源活用、機関連携としては保健師と取り組むというような案でした。

　なかでも議論になったのは、生活課題を抱えているタイプへの支援策でした。ここでは、「労働力」という前に「生活力」がまず課題ではないか、今困っている問題（あくまでケースワーカーから見てなのですが……）をなんとかしなければ……という思いで、「点検型」の提案を事務局から行いました。たとえば「困っている」こととして、「金銭管理がなっていない」「家事ができていない」「生活リズムができていない」などを代表例として、「家計簿をつける」あるいは「生活リズム点検表をつける」というような取り組み案を考えて提案しました。

　この案に委員から「ステップを設ける考え方には賛成だが、用意した案はアセスメント項目（評価）であって当事者である母親自身が自ら取り組むという動機づけにはつながらない手法だ」「自尊感情の回復につながるステップでなければ母親から支持されず、スタートの最初からつまずく」ときびしい意見が相次ぎました。生活問題に着目していても、その接近方法が生活福祉事務所の思惑・発想であることがそもそも問題の核心であるということでしたから、とてもショックを受けました。生活への着目、ステップまではよかったとして、では一体この先何があるんだろうと頭を抱える日々がまたしても続きました。

　次回の会議まで1か月余の時間しかなく、机でうなっていても資料を見ても、参加する母親が「これならやってみよう」という案はまったく浮かんできませんでした。

外に目を向けて

困ってしまい、生活福祉部内の他課の職員のところに出かけて「なんか困っていることない？」と尋ねたところ、「何それ？　御用聞き？」と冷やかされながら介護現場、障がい児者の現場の話を聞きました。介護現場では、「以前は、ヘルパーさんにも時間の余裕があって、利用者さんと会話をしながらご飯をつくったりできたけれど、今は時間がなくてきびしいらしいよ」「ふーん。背中向けて黙々とご飯つくってんのかい？」「そうらしい。利用者のお年寄りも話したいしょ」「ぽつんと待ってるってことかぁ……それなら、寂しいね」「だから話し相手だったら可能かもね」という声が聞こえてきました。

また、その頃市内でNPO法人や社会福祉法人、医療法人に勤めている職員たちと懇談する機会がありました。社会福祉法人などは「措置から契約」になったが、経営の転換がうまくいかず苦しんでいることや、「仕事おこし」の展望を語るNPOに接して、何か「すき間」の魅力を感じたりしました。

確信はありませんでしたが、少し見えてきました。利用者宅や事業所で受け入れてくれるところがあればという前提はあるものの、「話し相手」なら介護従事者でもないし、実現できるかもしれないという感触をもちました。介護福祉課の担当者に念のため介護保険のサービスに抵触するかどうかを打診したところ、「問題はない」ということでした。民間の介護事業者にも相談したところ、「受け入れとなるとさまざまな条件はあるけれど問題はない」という意見をもらいました。また、料理教室など、レクリエーション的な母親教室の開催をNPOに打診したり、病院のケースワーカーにも「何か病院でやっていることはないか？」と聞くと、「診療科を案内するボランティアを病院として募集している」

とのことで、これもあまり難しいことではなさそうなので、次回の委員会に向けて「ステップ1」として、「自己肯定感の醸成」をねらいにおき、課題を「地域の諸資源（特に対人）と接する機会を増やす」こととしました。活動メニューとしては、「高齢者世帯へのご機嫌うかがい」として、④話し相手、⑩化粧や外出の身づくろいなどをしてもらう内容です。「ステップ2」としては、ねらいを「能動的に社会資源とかかわり自助意識を高める」におき、課題としては「生活知識、生活技術を身につける」「人と話したり聴いたりかかわる」こととしました。活動メニューとしては、「①案…（仮称）母親教室に通級」し、④料理講習会やレクリエーションなどに参加する自助的なグループづくりと、「②案…多くの人と接したり、簡単な労力提供」としました。具体的な活動場所としては、④病院内の患者さんの院内移動案内補助、⑩授産施設、作業所での作業補助、としました。

　1か月後のワーキング・グループ会議では、こうした生活支援プログラムについて委員から賛同と評価をもらいました。あわせて提案した先の就労支援策については、総じて困難が想定されるからハードルを下げて、生活支援から就労に行く前のステップとして「中間的就労の取り組みの模索をする」こと、養育支援についても「就労に至らなくともなんらかの形で母親が社会とかかわる」取り組みが必要であるという検討を経て、2005（平成17）年度からの試行的取り組みを行い、その結果などをもち寄って、ワーキング・グループ会議を再開することとしました。

第三者評価、ワーキング・グループ会議の提案

　以上のような議論を経て、ワーキング・グループからは次のような提案がなされました。

❶子育てに対する支援

①保育の確保と保育サービスの充実

　・被保護母子世帯が「自立」した生活を目指すためには、子育ての負担を軽減すること。その手立てがなければ「自立」の実現は困難である。

②子どもの教育や発達などに対する支援の必要性

　・事業参加の母親が連れてくる子どもの中には、発達に課題のある子どもがいる。

　・働く母親は、仕事などで子どもの勉強をみてあげられない場合が多く、子どもの教育面のフォローが必要。

③情報提供

　・受給母子世帯の母親は、「必要な情報を知らない」ことがわかった。それは、生活保護制度そのものや他法全般についてそうである。正しい情報を得ることが自立には欠かせない。

❷支援する側の対応

①生活福祉事務所の手法

　・制度利用者である受給母子世帯と制度運用者である生活福祉事務所との視点が違って、解決が困難な状況に陥ることがある。ケースワーカーによって運用にばらつきもある。これらは、1対1のケースワークに起因するとも考えられるので、生活福祉事務所の

手法として、

A　組織的、統一的な制度運用に取り組む

B　アセスメント手法を確立する

C　ケースワークからマネジメントに「支援をステップアップ」させていく

D　そのためには、関係機関、地域資源も含めたネットワーク化、第三者的な機関の設置などが必要である。

②生活福祉事務所の対応

・内部で努力する課題として窓口対応・相談ワンストップサービス・ケースワーカーの研修の工夫などが課題である。

❸就労について

ハローワークを利用した求職活動だけで就労することは困難だ。「中間的な就労の場」を収入の多寡にかかわらず設けることは意味がある。また移動交通手段の問題があり、働く母子世帯に限り自家用車の利用を認めることが必要ではないか。未就労の母親には、社会参加できるような交通手段の工夫が重要だ、というのが概要でした。

このような指摘、諸提言を受けて、ワーキング・グループ会議に対し、生活福祉事務所として2006（平成18）年度から以下のような方向性を示しました。

「…来年度以降、母子世帯はもとより各世帯の状況に応じ、地域の社会資源を活用した支援プログラムの策定に努め、順次これを組織的に取り組むこととし、被保護世帯の就労自立や社会的自立、日常生活の自立を図る本プログラム事業を推進していく」。

具体的には、以下のようなプログラムを推し進めていく方向性を確認

しました。
① ハローワークとの就労支援事業活用プログラム

② 生活福祉事務所における就労支援プログラム（就労支援員の活用・資格取得等への生業扶助活用）

③ 母子世帯自立支援プログラム

④ 職業訓練教育機関との連携による就業資格（ヘルパー・OA など）取得講座活用プログラム

⑤ 社会参加プログラム

⑥ 多重債務者対策プログラム

また、課題意識としては、以下のようなものがあげられました。

① 多様な子育て環境の整備、中間的就労の場の開拓、求人情報提供体制の検討

② 生活福祉事務所の体制の強化、アセスメント手法、組織的なケアマネジメント確立

③ 自立支援関係機関ネットワーク構築

勇気をもらう

　このような成案を提起したワーキング・グループ会議は、淡々と議論がされたのではなく激しさもありました。議論が白熱すると、ときに引きずるような感情も生まれるものでした。支援策を検討するにあたって、実施機関である生活福祉事務所の運営・処遇方法なども包み隠さず俎上に載せ、これまで「私たち生活福祉事務所の中では常識」であった処遇方法などが、地域の人や地域福祉の担い手側から見るとズレていることも浮き彫りになりました。委員の中から『市役所の窓口は、人権感覚があるのでしょうか？　「本当に働く気があるのか」「高校は贅沢だか

ら退学しなさい」「あなたの性格が悪いから離婚された」など、離婚や保護を受けることで精神的にダメージを受けている人に、このような言葉を投げつける市役所の職員がいるのではないか』（『釧路市における生活保護受給世帯自立支援モデル事業報告書』2006（平成18）年度・釧路市より）という主旨の生々しい事例発言があったり、別の委員から『受給世帯とケースワーカーとの間に起きるギャップは、困難を抱えた生活者としての世帯と制度運用者としてのケースワーカーが、同じ課題に向き合っても見えている視点や関心事が違うからだ。正しい情報をわかりやすく世帯に届くようにすることが重要だ。情報の共有のためには、行政側と当事者の共同作業によって、信頼関係をつくったりお互い足らざるところを知ったり……何よりニーズをつかむことがたいせつなのでは？　ケースワークからマネジメントにステップアップする課題に直面しているのではないか』（同前）という主旨の発言も相次ぎました。

　会議が終わるたびに、そこまで言わなくても、というような気持ちが事務局のケースワーカーたちに湧き、素直に受容できることばかりではありませんでした。「悔しい気持ち」「少し責められているような気持ち」「納得しがたい気持ち」が溢れそうでした。民間の委員から生活保護に関する受け止め方や、支援に関する考え方に対してきびしい意見をもらい、行政との目線の違いを痛感させられるとともに、自分たちの議論がいかに内向きだったかを思い知らされました。

　同時にワーキング・グループ会議は刺激的でした。「エンパワメント」「当事者性」というような言葉が行き交う世界は、初めてだったからです。言葉の理解度は曖昧で会議が終了するたびに、「エンパワメントってなんだ？」と文献等を読んで意味を知るということもしばしばでした。「教えられる気持ち」「勉強しようとする気持ち」「次回の会議では言い負け

ないような実践を出そう」という気持ちも生まれてきました。周りで起こっている「新しい自立の形」に刺激を受けて、地域の中にある生活福祉事務所のあり方の一端を知ることは初めての機会といっても過言ではありませんでした。嫌がらずに勇気をもって一歩前に出ることが、ニーズに一歩近づくという大きな財産をワーキング・グループ会議からもらい、これまでの生活保護行政の枠から一歩踏み出し、民間への丸投げや丸抱えでもなく、「行政と民間の協働による自立支援を志向する」という方向性をもつことになったのだと思います。こうして釧路市の自立支援プログラムは、「地域の関係者の視点と議論を通じて策定され、実施過程でも地域資源に支えられてきた」ことが最大の特徴だと思います。

　こうしたモデル事業の結果は、2006（平成 18）年 3 月『釧路市における生活保護受給母子世帯自立支援モデル事業報告書』（釧路市）および「生活保護受給母子世帯の自立支援に関する基礎的研究—釧路市を事例に—研究報告書」（釧路公立大学地域経済研究センター）としてまとめられました。

3　自立支援プログラムの本格的始動

戸惑い・温度差

　2 か年のモデル事業の結果を受けて、自立支援プログラムを多様に開発し、生活福祉事務所全体が組織的に取り組もうと、係を束ねる査察指導員会議では議論がなされました。ところが議論は重たい雰囲気となっていました。「自立支援」について理屈ではなんとなくわかっても、従来からの「就労指導」との関係はどうなるのか？　という戸惑い、「日

常生活、社会生活の自立から就労自立へのつながりが見えない」「やはり就労につながらないのなら意味がない」「ただのボランティアに逃げてしまわないか」などといった思いや不安、確信のなさがあったのかもしれません。

　また、ハローワークとの就労支援事業や就労相談員の相談面接事業という就労支援と、「いわゆる社会参加型の就業体験的なボランティア活動」とがステップを踏んで連携するはずが、そうならず推進体制が分離していたことも大きな要因でした。一足飛びに統合した体制がとれないなかで、自立支援事業が同好会的な取り組みの段階なのだという自覚を改めてするとともに、そこから脱し生活福祉事務所の正課授業、カリキュラムとなるような模索が2006（平成18）年度から始まることとなりました。

自立支援の本格化

　厚生労働省は全国の実施機関に対して、2005（平成17）年度から自立支援プログラムの積極的な導入を図るよう通知（平成17年3月31日付け社援発第0331003号厚生労働省社会・援護局長通知「平成17年度における自立支援プログラムの基本方針について」）を発出しており、2005年度からは全国的にも指定都市や一部自治体において自立支援プログラムの取り組みが始まり、その資料も情報提供されるようになってきました。

　こうした流れの中にあって、2006（平成18）年度には2年間のモデル事業のプロジェクトチームを解散し、新たに主幹（課長級）、査察指導員（所長補佐／課長補佐級）、自立生活支援員による自立支援推進チームを立ち上げるとともに、モデル事業の成果と課題をふまえて、既存の

就労支援事業も含めた釧路市の自立支援事業全体の再構築を図り、対象を母子世帯以外にも拡大する形で再スタートを切ることになりました。

　自立支援事業全体の再構築については、従来から実施していた就労支援員による就労支援事業やハローワークとの連携による就労支援事業に加え、モデル事業で実施した日常生活や社会生活の自立のためのメニューを一体的・有機的に結びつけ、対象者それぞれの能力に応じて段階的に支援することを念頭におくようにしました。プログラムメニューの拡大については、「就労系」では生業扶助活用による資格取得支援や職業訓練教育機関との連携による資格取得等講座受講支援、そしてこれらに参加するための短期託児支援等、また、「日常生活・社会生活系」では母子世帯以外も想定して、野外作業系の就業体験的ボランティアプログラムとして公園管理補助や動物園管理補助業務、より就業に近い就業体験プログラムとして障がい者（児）施設での作業補助などを新たに策定しました。

　さらには、日常生活の支援に関するプログラムとして、多重債務者自立支援プログラムやDV被害者自立支援プログラムを策定し、経済的自立、社会生活自立、日常生活自立の3系統で15メニュー（現在は、その他を入れて5系統26メニュー）、大別すると事業系のものとケースワーカーの引き出しを多くする日常業務の定式化という形で、2006（平成18）年度で当市の自立支援プログラムの骨格ができあがったと考えています。なかでも2006（平成18）年度から実施した公園ボランティアの取り組みは自立支援を発展させる契機でした。母子世帯に特化したモデル事業では、介護や資格取得というものがおもなメニューで、建設業などの職歴をもつ男性受給者たちにとっては不向きなものでした。机に座って何かをするというのは気が重たい人たちに、戸外の労働をとい

うメニューはニーズを反映したもので参加者が増えました。生活福祉事務所側が思い描く「こうあったらいい」ということから接近するのではなく、参加する受給当事者の状況から出発することが大事であることを学びました。もう一つ大事だったことは、「向き合う」ということです。公園ボランティアで初めて生活福祉事務所が主催するオリエンテーションを行いました。一対一で対面することが基本の生活福祉事務所のスキルが、20人近くの受給者集団と相対したときにどのように変容するのか、という課題が突きつけられました。

　生活福祉事務所から、どんなことを言われるのかという気持ちで参加した受給者の心に届くものは何か？　「働いていないんだから代わりにこれぐらいできるだろう」ではなく、ためらわずに「まちづくりに力を貸してほしい」と訴えました。委託事業所の財団法人釧路市公園緑化協会の皆さんも「今、公園がどうなっているか、ここあそこにある公園整備先の木々はどのような由来があるか」など、市民の一人としてという思いで話をしてくれたことも、「やってみよう」という気持ちにつながったのだと思います。

　2007（平成19）年度のオリエンテーションでは、2年目となる受給者が初めて参加する人に自分の経験を語る場面があるなど、受け入れられた思いがしました。向き合うことで、受給者と生活福祉事務所との社会資源を活用しながらの新しい関係、そのためのコミュニケーションコードの発見に一歩近づけたと思います。

業務検討委員会のあり方

　2001（平成13）年より生活福祉事務所内に査察指導員を交えて業務検討委員会を立ち上げ、現在も継続中です。2015（平成27）年時点で

図11 生活福祉事務所の組織図

【2015（平成27）年度釧路市生活福祉事務所組織機構図および職員配置状況】

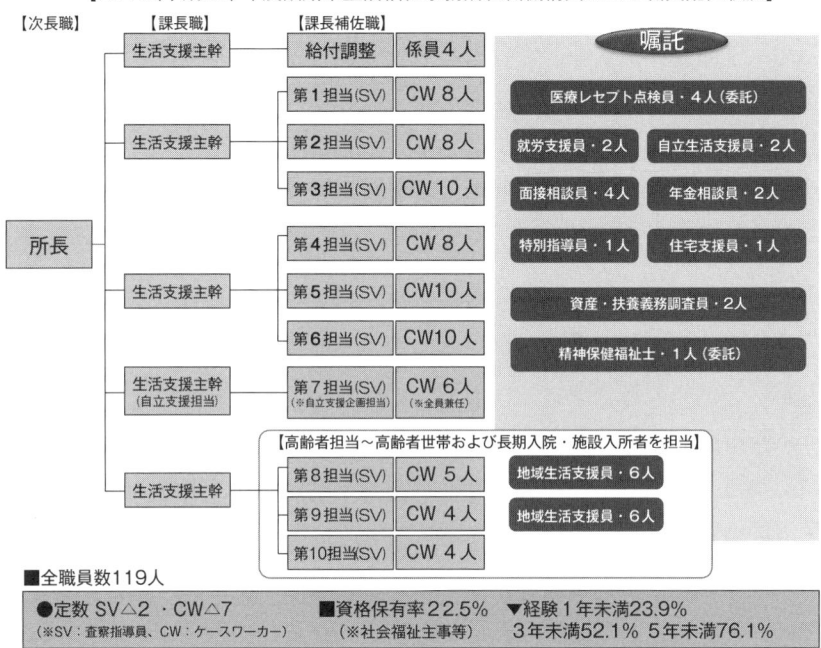

は旧市内を2分し、高齢者世帯担当を3担当（8担当、9担当、10担当）13人のケースワーカーと12人の嘱託職員の2人体制で230世帯から250世帯を担当しています（図11参照）。これにより一般担当（母子世帯・傷病世帯・障がい世帯・その他世帯）である1担当〜6担当の担当件数を65世帯ほどに抑え、7担当は20世帯を受けもち自立支援対策強化（ウエイト方式と呼ばれています）を実施できるように対応しています。さらに精神保健福祉士を配置し、精神障がいが重い受給者をサポートする体制づくりを実施しています。2004（平成15）年、生活保護受給者の急増に対応するため、保護課を1課2課と分けた時期がありまし

たが、行政上、課を超えての職員移動が課題となり2年間で統合再編の提案を行いました。さらに、類型別高齢者担当を創設をすることで、ケースワーカーの家庭訪問の適正実施の強化策であるとか、ケース記録の簡素化を行うことで時間短縮を図るなどといった試行錯誤を重ねていきました。

　高齢者世帯に対する家庭訪問の改善策として、自立助長の観点からの見直しを行い、日常生活の悩み相談を主とした高齢者世帯担当および生活支援員の導入を提案しました。

　生活支援員（嘱託職員。採用基準は介護職員初任者研修修了者）の導入から2年間の試行を経て、現在旧市内全域で実施しています。

　釧路市のケースワーカーの大半は担当件数が100件を超え、訪問範囲が広く通常の家庭訪問を行うなかで稼働年齢層が中心となり、高齢者世帯の訪問がうまくできない状況でもあり、どうしても訪問実施率を達成する手段として玄関先訪問が多くなっています。実のところ高齢者単身世帯は家族との絆が薄く、知人も少なく、社会的に孤立している様子が数多く見られ、ケースワーカー訪問を待ち遠しく思い、世間話や昔話で長時間になってしまいがちです。そこで、短時間で訪問実施数を補うことになり、重要な相談ごとは来所してもらい面接を行うなど苦肉の策を講じてきました。

　そのようななか、高齢者担当の生活支援員（嘱託職員）が家庭訪問を実施し、職員が所内事務を担当する形を取り、家庭訪問記録は生活支援員が下書きをし、検索作業を職員が行います。生活支援員は高齢者の対応（話し相手や悩みごとの引き出し方）がうまく問題点の視点も的を射ていることから、課題点の回答についても時間をおかずに対応することで信頼の構築が図られるなど、高齢者世帯側も以前より頻繁に訪問され

ることから悩み相談がしやすく見守られている実感ができ、孤独感の解消につながることが見えました。

査察指導員についても担当員が増え、適正実施上の観点からの管理運営に困難を来たすことを配慮すべく、主幹制を導入することで組織運営・適正化対策担当、関係機関連携・適正化指導事業担当、自立支援・研修担当、業務運営管理・適正化対策担当、医療・介護等適正化対策担当と５人の主幹（課長級）を配置することにより適正実施の強化に努めることになりました。

当市は福祉専門職の採用を行っていないことから、生活福祉事務所に必要な有資格者（社会福祉主事等）が３割程度しかいない状態や一人当たりの担当件数が100件を超えるケースワーカーが増えています。職員の意欲向上と意識を高めると同時に専門知識を補うこともあり、専門資格（社会福祉士・ケアマネジャーなど）をもつ嘱託員を導入しました。査察指導員を管理職（所長補佐）とし専門員制を導入するなど、係内に２人の専門員を昇格配置することで職員の意欲喚起につなげました。責任感の強さも増し適正実施にむけ、レセプト点検員や就労支援員、自立生活支援員、特別指導員（警察OB）、年金調査員を所内におくことなど可能な提案事項を掲げ、検討委員会の中で年間10回程度の討議を重ね、結果を次年度の提言とし職員労働組合および市当局と交渉を重ね答申してきた経過があります。

検討委員会の設置前はケースワーカーの不足分を要求型で進めていたところ、なかなか認められない状況が続いたことから、提案型へ進化したところ認められる結果となりました。そして職員の意欲向上へとつながり、さらなる提案および所内の改善を実施するため、国や当事者目線が適正に進められて行われているかなどを重点に、確認事項等を含み業

務検討委員会を進めています。

　初めてケースワーカーとして配属される職員には覚えることが多く、保護実施の適正化と自立助長の狭間で悩み、たいへんな職場に配属されたと感じていることは明白でした。少なからず年に数人の職員がメンタルな問題で休職に至ったり配置転換の希望がありました。

　当市の生活保護受給率は相変わらず高く、ケースワーカーの増員など所内体制が拡大したことで、経験の少ない若い職員も多くなってきました。生活保護受給者自立支援事業の拡大は、当初は新たな仕事が増すことになりケースワーカーは今よりたいへんな状況になるのではと懸念されました。しかし、実施されてからは逆に、プログラム参加者の家庭訪問時に話題が増えて意思の疎通に役立つこと、参加プログラム先に様子を見に行くことができるため活動内容を把握することが容易になり、支援策の決定にも効果が出たと判断しています。

第2章

自立支援プログラムの到達点と課題

1 自立支援プログラムのさらなる飛躍を目指して

「評価と検証」のための第二次ワーキング・グループ会議

　2006（平成18）年度から本格実施された自立支援プログラムが、5年目を迎えた2011（平成24）年、これまでの成果と課題をまとめ、さらなる飛躍に向けた方向性を示すこと、それが第二次ワーキング・グループ会議に託された使命でした。このワーキング会議は、約1年間にわたる検証作業をとおして、次年度以降さらに深めていく検討課題を示しました。

図12　釧路市自立支援プログラムの概念図（2010年時点）

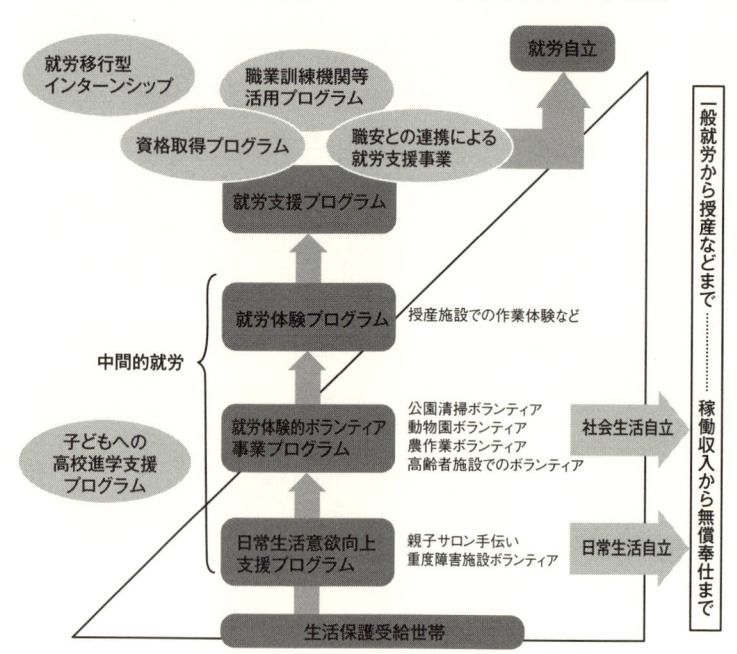

厚生労働省が示す3つの自立観のうち、「就労自立」以外の「日常生活自立」と「社会生活自立」をどう事業化していくのか、多くの自治体が頭を悩ませるなかで、釧路市の自立支援プログラムは、生活保護行政の現場にはなじみのなかった当事者性やエンパワメントといった支援論を採用し、地元NPOなどと協働して段階的な自立を促す「中間的就労」の機会を提供してきました。

　ワーキング・グループ会議は、約2か月に一度のペースで開催され、事務局員のみならず、生活福祉事務所の現場職員やパーソナル・サポーターの傍聴があり、ときに、そうした傍聴者からも発言を求めてきました。その意味で、情報やビジョンの共有の場ともなっていました。

表1　第二次ワーキング・グループの構成員

■委員

氏名	所属	専門・得意分野	備考
後藤哲子	NPO法人駆け込みシェルター釧路	女性の自立支援	座長、第一次WG
日置真世	NPO法人地域生活ネットワークサロン、北海道大学	コミュニティ・エンパワメント場づくり支援	副座長、第一次WG
相原真樹	㈱北海道二十一世紀総合研究所	社会的起業、まちづくり	
坂下勝二	釧路市社会福祉協議会	地域福祉施策の実務	
若狭節子	市役所福祉部介護保険課	福祉行政の実務	
木戸口正宏	北海道教育大学	若者支援、社会的排除	
添田祥史	北海道教育大学	成人基礎教育、社会教育	

■アドバイザー

氏名	所属	専門・得意分野	備考
小磯修二	釧路公立大学地域経済研究センター長	経済学地域経済の振興施策	釧路公立大学学長
中囿桐代	釧路公立大学	社会保障、ジェンダー	第一次WG
本田良一	北海道新聞釧路支社	貧困問題	編集委員

2 自立支援プログラムの到達点

自立支援プログラムの到達点と成果

　釧路市の自立支援プログラムの特徴は、目の前の保護費削減から接近するのではなく、受給者の視点に立ち、ボランティアから就労体験、就労と段階的にステップを上がって、自立できるよう体系化されているところにあります。この点が全国の注目を集め、厚生労働省が2009（平成21）年度から始めた「就労意欲喚起支援事業」のモデルとして紹介されたほか、中学3年生進学勉強会は「子どもの健全育成事業」のモデルにもなりました。

　第二次ワーキング・グループ会議での検証作業を経て、釧路市の「自立支援プログラム」が、この数年間の取り組みの中で、さまざまな成果を上げていることを確認することができたのです。

新たな「自立」概念の構想とその実践化

　生活保護行政における従来の「自立」概念は、もっぱら「就労自立」を想定したものでした。生活保護行政は「保護の廃止」という結果如何で評価され、ケースワーカーの主たる任務も「就労＝保護の廃止」に向けた受給者への「指導」という性格を強く帯びていました。

　そのような生活保護行政のあり方は、受給当事者のみならず、ケースワーカーをはじめとする行政当事者の意欲や自尊感情をもそこねるものでした。地域経済の急速な悪化と受給者の急増、そのことによる慢性的なオーバーワークと、一方で市民からのきびしいまなざしの中で、釧路市の生活保護行政は、改めて自身のあり方を深く問い直すことを迫られ

たのです。

　このようななかで、釧路市の自立支援プログラムが、受給者の視点に立ち、ボランティアから就労体験、就労と段階的にステップを踏んで、自立できるような形で構想・体系化されたことは、大きな転換でした。

　前章で述べてきたように釧路市生活福祉事務所では、地域のNPO、教育関係者、学識経験者などが参加する「第一次ワーキング・グループ会議」を立ち上げ、生活保護受給母子世帯の現状や、当事者が感じている悩みや課題などを把握するための調査（釧路公立大学との共同）を実施するとともに、従来の生活保護行政において当たり前とされてきた受給当事者への管理的・指導的なかかわり方や、もっぱら就労・経済的自立を前提とする受給者の「自立」イメージの率直な問い直しを行ってきました。そのなかで、当事者の自尊意識・自尊感情の回復につながる「社会参加型」の自立支援事業の枠組みが少しずつできあがっていったのです。

自立支援事業の先鞭としての社会的影響
─新たな地域づくりへの視点

　自立支援プログラムは関係者のみならず、広く社会に影響を与えました。釧路市の自立支援プログラムは全国的にも高い評価を受け、数多くの視察や取材を受けている実態がそのことを物語っています。

　その理由は、受給者個々のいわば生活力を引き上げるだけではなく、プログラムの実施をとおして関与した市役所、受給者、事業所のそれぞれが社会的な問題意識を広げ、それぞれの役割を得ることにつながったことにあります。つまり、地域の連携・協働による取り組みの一つの形を示すことにつながったといえます。

また、これからの地域社会が持続していくための新しい価値観を創造、実現するプロセスにもなりました。「自立」「社会的包摂」「社会的居場所」「働く」など、そのあり方を改めて問い直すプロセスになったといえます。さらには、自立支援プログラムの取り組みを応用発展させることにより、釧路市の抱える地域課題を解決することにつながる可能性も見えてきました。

　これらは、釧路・道東地域における「地域づくり」においても、重要な「財産」と考えることができます。

3　自立支援プログラムの課題

　同時に、検証作業を通じて、自立支援プログラムが直面するさまざまな課題も明らかになってきました。

自立支援プログラムの成果と課題をふまえた「自立像」の練り直し

　釧路市の自立支援プログラムの特徴は、先述したように、保護費削減を優先させることなく、受給者の視点に立ち、ボランティアから就労体験、就労と段階的に自立できるように体系化されているところにあります。

　その一方で、このような釧路市における自立支援のモデルが、「日常生活自立」「社会生活自立」の確立を土台としつつ、「中間的就労」を通じて「就労自立」に到達するというように、最終的な到達目標としては依然として「就労自立」が上位に位置づけられているステップアップ構造になっていることも否めません。

　「就労自立」「日常生活自立」「社会生活自立」の３つの「自立」を、

受給当事者が人間らしい生活を享受するためにはいずれも不可欠のものとして、改めて釧路市の自立支援プログラムにおける「自立」概念を再構築することが、ワーキング・グループが確認した第一の課題でした。

事業の成果・到達についての評価基準をどのように確立するか

自立支援プログラムが目指す「自立」の姿として、就労による経済的自立のほか、日常生活自立、社会生活自立の３つを掲げています。経済的自立は就労や保護廃止により削減された保護費の金額でその効果を示すことができますが、日常生活自立、社会生活自立は「自立あるいは自律」を達成できたとしても、具体的に保護費削減という形になって効果は出てきません。

これらの「自立」の成果・到達を評価するためには、保護費削減とは別の評価基準が求められます。すなわち「元気になった」「明るくなった」「頑張ってみようという気持ちになった」というような当事者の変化をどう評価するか、ということです。

これまでの自立支援プログラムの評価は、観察者が受ける感覚と当事者の主観的な思いにとどまっており、このような声に十分応えられるだけの根拠と評価の枠組みを提示するには至ってはいませんでした。

評価基準がないと、「なぜ、自立支援プログラムに人とカネを注ぎ込むのか」という納税者（市民）の疑問に答えることができません。これは、プログラムを拡大・充実させていくうえで、大きなネックになります。

これらを評価するためには、プログラム参加者・行政担当者・事業者それぞれの当事者の立場から、プログラムにかかわることで生まれた変化や効果についてていねいに聞き取ること、またそこから浮かび上がってきた課題・問題点を率直に明らかにすることが必要になってきました。

同時に、これらの数値的・量的に評価することの難しい変化を、「自立」概念の再検討や、地域再生の課題とも結びつける形で、位置づけ・評価するための、評価の枠組みを明らかにすることが求められていました。そのことが、ワーキング・グループにおける第二の課題となったのです。

対外的な評価・認知度と釧路市内における評価・認知度とのズレ

釧路市の自立支援プログラムは、NHK ほか多くのメディアに取り上げられ、いまや全国的に注目を集めています。2010（平成 22）年度（2011 年 2 月 18 日まで）は行政、議会、研究者・報道機関など 126 件の視察や取材を受け入れています。さらに 2011 年度〜 2014 年度では 246 件となっています。

このような社会的評価や影響の大きさは何に由来するのでしょうか。自立支援プログラムの支援プロセスをとおして示された理論的・実践的な論点や、これまでの実践の中で明らかになった到達や課題をふまえ、その全体像を正しく評価することが必要でした。

その一方で、釧路市民へのアピールという点では、必ずしも十分な認知を得ているとは言い難い状況でした。プログラムの「成果」をどのように、地域や市民に還元していくのか。情報発信、地域と市民を結ぶ態勢づくりも、本ワーキング・グループの大きな論点となりました。

❶出口（就労先）の課題

プログラムは経済自立だけを目標とはしておらず、参加者が元気になり、就労意欲を高めて、就労に結びつくことが理想です。受け入れ先でそのまま採用される例もあります。ある民間病院では 20 歳代の男女各 1 人を看護助手として、ヘルパーステーションではヘルパー資格を取得

した2人をスタッフとして採用しました。しかし、こうした例は少ないことも事実です。

仕事への意欲が高まったとしても、肝心の出口となる仕事に結びつかない。ボランティアの先に出口が見えない。このことが、ボランティア活動を途中でやめる主要な理由の一つとなっています。

❷当事者同士の交流が少ない

当事者同士の交流の機会が限られていることも課題です。事業所では、概ね参加者同士の交流がありますが、事業所の枠を超えた交流はありません。交流の場をつくることで、意欲を高める効果が期待できるという意見もあり、そういう場があることで、参加を躊躇する受給者も、参加者の声を聞くことで参加への一歩を踏み出すきっかけになるのではないでしょうか。

❸「自立」後のフォローについて

また、「自立」後のフォローがないことが、保護廃止後の生活を安定して営むことを難しくしているという現状も明らかになりました。

受給者への保護費支給を廃止する場合、生活福祉事務所は、保護基準を超える収入があるのか、それが安定して期待できるのか、などを十分検討したうえで慎重に決定します。しかし、二度、三度と生活保護へ戻ってくる受給者もいるのが現実です。

プログラムに参加し、就労先を見つけ、保護を廃止されると、生活福祉事務所の手から離れてしまいます。その後、元受給者がどういう暮らしをしているかフォローする仕組みが十分に整備されているとは言い難いのが現状です。

4 「釧路の三角形」再考

　就労から遠ざかり、不安を抱える受給者に対して、地元企業やNPOと連携しつつ、「中間的就労」の機会を多彩に用意することで、段階的な自立支援を目指す「釧路の三角形」（図12・図14参照）と呼ばれるこのモデルは、社会との接点を絶たれ孤立した受給者に対する社会的居場所の担保と、そこにおけるゆるやかなエンパワメントを意識したものです。

　これをふまえつつ、第二次ワーキング・グループでは以下のような課題を示しました。

「自立」をどのようにとらえるか

　まず、厚労省が示した3つの「自立」—「社会生活自立」「日常生活自立」「就労自立」の関係をどう考えていくのかについて議論しました。現行の「釧路の三角形」においては、就労自立が日常生活と社会生活よりも上位に位置しており、いわば就労自立を果たすためのステップとして社会生活や日常生活の自立があるというとらえ方といえます。この視点からは、自立支援プログラムの成果・到達の検証もまた、就業自立の達成と、それにともなう保護廃止数や保護費の削減額などによって評価されることになります。

　しかし、ワーキング・グループでの検討を通じて、釧路市のような地域経済が冷え込んだ地方自治体においては、そうした基準による評価が難しい現実が浮き彫りとなってきました。

　賃金収入のみで生活が成り立つという意味での「雇用」＝「就労自

立」が非常に困難な現状においてなお、自立支援プログラムへの参加を、就労自立に至る中途の段階としてのみとらえることは、その状況への滞留を余儀なくされる受給者の自立意欲を少なからず損ねるものとなるでしょう。とりわけ壮年層の受給者は、年齢的にも雇用が難しい状況にあります。そのなかで「就労自立」を迫られることは、自らの現状を肯定的・積極的にとらえることを難しくしてしまいます。

　また、就労達成を軸とした評価は、現場で支援にあたる職員にも葛藤や戸惑いをもたらします。受給者の「笑顔が増えた」「元気になった」という形で、当事者の生活の質が改善されたとしても、それはあくまでも雇用へ向かう段階の一つをクリアしたという評価に留まらざるを得ません。出口の見えないなかでのケースワークは、職員に疲弊感、多忙感をもたらすだけになってしまいます。職員が自分の仕事にやりがいや意味を見い出せるためにも、雇用による就労自立を頂点とする現行プログラムを改善していくことが求められるのです。

介護ボランティア受け入れ先との打ち合せ

母子パソコン教室の様子

動物園環境整備ボランティアの様子（写真左／クマのエサ詰め 写真右／園内清掃作業）

「中間的就労」の再定義

　では、どのように考えればよいのでしょうか。

　第一に、釧路市が自立支援プログラムで掲げた「中間的就労」という概念を、より積極的なものとして再定義することが必要です。

　これまで「釧路の三角形」の図では、「中間的就労」は、「一般就労」に至る途中段階としてとらえられてきました。しかし自立支援プログラムにおける「中間的就労」の位置づけは、このような、保護から就労に至る垂直的な過程の「中間」というだけではありません。

　それは、生活保護への全面的な依拠と、「完全」な就労自立との間にある、就労収入と生活保護の組み合わせによって生活が成り立っているようなグラデーションの「あいだ」に位置する状態という意味での、水平的な意味での「中間」でもあるのです。その意味では「中間的就労」の「中間的」は、多様な内容を含んでいるといえます。

　自立支援プログラムに参加する人には、子育て・介護と就労の両立の中で、身体を壊し、なお心身の回復の途上にある、あるいは度重なる失業や廃業、求職活動の下での否定的な経験の積み重ねなどによって、就労や社会参加への意欲を長い間喪失していたという人も少なくありません。

そのような当事者にとって、それぞれの生活の条件や意欲の回復の程度に応じた「自立支援プログラム」における「中間的就労」と、一般的な就労との間には、なお大きな隔たりがあると考えられます。実際、自立支援プログラムへの参加を通じて、「就労自立」を果たした人が、過酷な労働条件に耐えかね、身体を壊し、再び生活保護に戻ってくるというケースも少なくありません。

　また就労への意欲や条件があっても、経済的に自立することが難しい非正規雇用は、とりわけ家族の扶養を求められている当事者にとって、「就労」の選択肢としては敬遠される傾向がありました。一方で、特に壮年期にある当事者にとって、正規雇用への再就労はきわめて難しい状況にあります。「就労自立」を最終的な目標とする自立支援プログラムの枠組みが、そのような当事者にとって、ある種の閉塞感、先の見えなさを生み出す要因となっているのかもしれません。

　しかし「中間的就労」を、社会保障給付に全面的に依拠している状態（生活保護）と、就労による収入によって経済的に完全に「自立」している状態の「中間」に位置する「半労働・半福祉」の状態としてとらえることによって、私たちは新たな視点を得ることができるのです。

　すなわち、当事者が、子育て・介護・療養など、自身の生活の中心的な課題と両立しながら、あるいは身体的・精神的な面での条件などと相談しながら、多様な社会保障（生活保護はもちろんのこと、失業保険・年金なども含めて）に支えられつつ、可能な範囲で自身の経験や能力を活かして、就労や有償・無償のボランティア活動を通じて社会参加をすること、またそのことによって一定の収入を得ることを、積極的・肯定的なものとして評価するという視点です。

　もちろん「中間的就労」が、ボランティアという名のただ働き、雇用

に替わる「労働のダンピング」とならないよう、行政・事業所の双方が一定の運用基準を設けることが求められます。ケースワーカーや自立生活支援員が、プログラム参加者の相談窓口として機能するとともに、弁護士や学識経験者などによるチェック機能も必要でしょう。

　そのうえで「中間的就労」を再定義することによって、より多くの当事者が、自立支援プログラムに参加することに積極的な意義を見出すことができるのではないでしょうか。

5　地域における人・情報・サービスの結節点（＝ハブ）の創設

人・情報・サービスの「ハブ」として

　私たちがワーキング・グループでの検討を通じ痛感したのは、当事者の「自立」には、それを妨げるさまざまな要因が複雑に絡み合っているということでした。経済的な自立だけではなく、日常生活再建や社会性の回復などに向けたていねいな支援が必要な人も少なくありません。そうした状況にある人に対応すべく、生活保護制度のみならずさまざまな支援制度が存在していますが、タテ割りの行政組織の弊害などにより利用しづらいのが実情です。

　現状では、バラバラに供給されている行政サービスを、当事者の必要に沿って結びつけていくことを、個々のケースワーカーや自立生活支援員による「職人芸」ではなく、制度として行う必要があります。その際、受給者の世帯状況に応じて的確なアセスメントを行い、結果を共有していくことが不可欠となります。そのために、第二次ワーキング・グ

ループでは、人・情報・サービスが行き交う結節点を地域につくっていくことを提案しました（図13）。

　こうしたハブ的な機能をもった拠点が地域に根づくことは、自立支援プログラム全体の質的向上をもたらすでしょう。これまでの自立支援プログラムをとおして、私たちが目のあたりにしてきた人間回復のドラマの数々は、「ありのままの自分でいられる居場所」のたいせつさを改めて教えてくれました。特に「支援の双方向性」や「自尊・承認」が、自立のプロセスにおいて重要な基盤となることが明らかになってきました。こうした新しい支援の形を波及させるためには、生活福祉事務所や受け入れ事業者、そしてプログラム参加者が、お互いの経験の蓄積を共有・発信していく必要があります。こうした交流が、当事者と支援者の「ズレ」を埋めるためにも有効となります。

図13　自立支援ハブイメージ

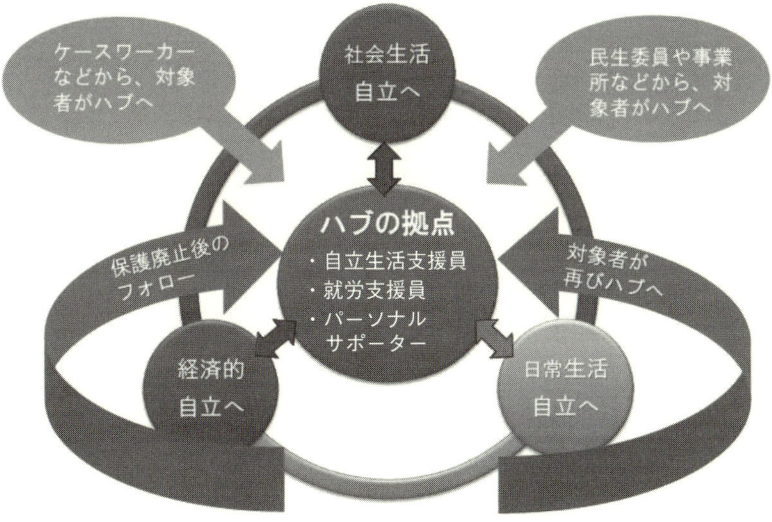

第3章

釧路市のプログラム

1　多様なプログラムで個々に合った体験

　現在、自立支援プログラムは、社会福祉法人、NPO 法人、財団法人、民間企業等に協力を求めて、その委託先は年々増えて 26 プログラム 36 種類あります。

　プログラムは大きく次の 5 つに分かれます。
①就労支援プログラム
②就業体験ボランティア的プログラム
③日常生活意欲向上支援プログラム
④就業体験プログラム
⑤その他のプログラム

　①は、生活保護受給者等就労自立促進、インターンシップ事業など、②は、公園管理、動物園環境整備、障がい者作業所、介護施設、病院などのボランティア体験事業、③は日常生活の中で孤立しがちな母子世帯を中心に、「親子サロン」「親子料理教室」「就職準備講習会」などへの参加を呼びかけ、交流をはかるというもの、④は、知的障がい者授産施設、精神障がい者授産施設における作業体験、農園における農作業体験、⑤は、多重債務者自立支援、ＤＶ被害者自立支援、高校進学支援、高校進学希望者学習支援などのプログラムです。

　ちなみに参加者に人気のあるボランティアプログラムは、公園管理、高齢者の話し相手、知的障がい者施設での加工作業、動物園の環境整備などです。

図 14　釧路市生活保護自立支援プログラム全体概況

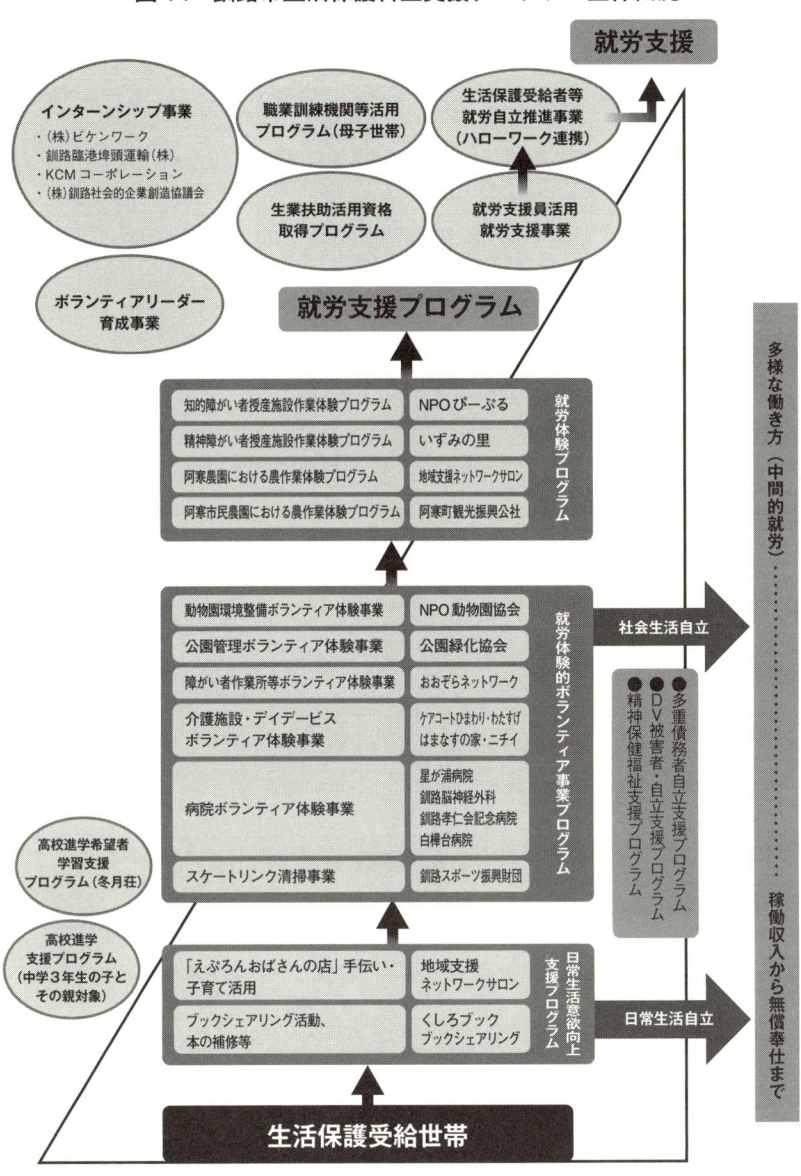

（2014 年 4 月現在）

表2　2014(平成 26) 年度自立支援プログラム推進事業一覧

項目	個別プログラム名	内　容	委託先（協力先）	参加実人員	延べ参加者数 就労者数 自立者数
1 就労支援プログラム	生活保護受給者等就労自立促進事業	ハローワークに配置された当該事業のコーディネーター、ナビゲーターとの連携により、被保護者に対する効果的な就労支援を行う。※ 2005 年 6 月より実施。2012 年度より事業名称変更	ハローワークくしろ	200	200 / 149 / 19
	就労支援員による就労支援事業	独自に就労支援員（嘱託職員 / 職安 OB）を配置し、日常的にケースワーカーとの連携を図りながら、きめ細かい就労支援を行う。※2004 年 4 月より実施	就労支援員	377	377 / 294 / 47
	職業訓練教育機関等活用プログラム（母子世帯対象）	被保護母子世帯の就労機会拡大、増収及び就職活動への意欲喚起の一環として関係機関が実施する資格取得講座等への参加を促進し、自立助長を図る。今年度は「OA 事務科」「介護事務科」の 2 講座を実施。	釧路高等技術専門学院ほか	0	0 / 0 / 0
	生業扶助による資格取得プログラム	被保護者の就労機会の拡大や転職増収を図るための資格取得を支援し、以って世帯の自立助長を図る。		17	17 / 9 / 3
	民間職業紹介活用プログラム	就労阻害要因のない単身者等で、就労意欲がありながらも適職を得られない者に対して、民間の職業紹介業者を活用し支援する。	民間職業紹介業者	16	16 / 5 / 5
	就労移行型インターンシップ事業	民間企業が行う水耕栽培事業に参加し、基本的一般就労に向けた作業体験し、勤労習慣の回復を支援する。	釧路臨港埠頭運輸㈱	4	3,031 / 4 / 0
		軽作業のボランティア就労体験を経た者を対象として、民間企業と協力しながら一般的な就労に向けた作業を体験し、勤労習慣の回復を支援する。	㈱ビケンワーク	16	1,852 / 5 / 2
		民間企業と協力しながら、参加者をボランティアから一般的な就労まで段階的・継続的に支援する。	㈱KCM コーポレーション	1	204 / 1 / 0
			㈱鈴木商会	1	187 / 0 / 0
		整網作業を通じて、基本的一般就労に向けた作業体験し、地域の担い手、技術習得及び勤労習慣の回復を支援する。	㈳釧路社会的企業創造協議会	14	1,840 / 14 / 0
就労支援参加者計				676	7,537 / 481 / 76

項目	個別プログラム名	内　容	委託先（協力先）	参加実人員	延べ参加者数
2 就業体験的ボランティアプログラム	公園管理ボランティア体験事業	中高齢者や引きこもり等で、未就労期間が長期である等の事情により就労意欲に欠ける者等を対象に、ボランティアとして「公園管理業務」を体験することにより、社会参加と就労意欲の形成を促す。	（財）釧路市公園緑化協会	49	449
	動物園環境整備ボランティア体験事業	中高齢者や引きこもり等で、未就労期間が長期である等の事情により就労意欲に欠ける者等を対象に、ボランティアとして「動物園環境整備」を体験することにより、社会参加と就労意欲の形成を促す。	NPO 法人釧路市動物園協会	20	412
	障がい者作業所等ボランティア体験事業	「障がい者作業所」や「グループホーム」のボランティアを通じて社会参加と就労意欲の形成を促す。	NPO 法人おおぞらネットワーク	7	179
	介護施設におけるボランティア体験事業	「認知症対応型グループホーム」において、入所者の話し相手等のボランティアを体験し、社会参加意欲の形成を促す。	認知症対応型グループホーム 「はまなすの家」	3	72
		「地域福祉事業所」デイサービスにおいて、利用者の話し相手等のボランティアを 体験し、社会参加意欲の形成を促す。	地域福祉事業所デイサービス わたすげ	11	432
		「介護老人保健施設」において、入所者の話し相手等のボランティアを体験し、社会参加意欲の形成を促す。	介護老人保健施設ケアコートひまわり	8	326
		「有料老人ホーム」において、デイケア利用者の話し相手などのボランティアを体験し、社会参加意欲の形成を促す。	有料老人ホームニチイのきらめき	3	87
	病院ボランティア体験事業	入院患者の話し相手など病院ボランティアとしての活動を体験し、社会参加意欲の形成を促す。	星が浦病院	2	95
		外来案内など病院ボランティアとしての活動を体験し、社会参加意欲の形成を促す。	釧路孝仁会記念病院	6	281
		デイケア利用者の話し相手など病院ボランティアとしての活動を体験し、社会参加意欲の形成を促す。	釧路脳神経外科	1	27
		デイケア利用者の話し相手など病院ボランティアとしての活動を体験し、社会参加意欲の形成を促す。※H26 年度は試行実施。	白樺台病院	2	130
	スポーツ施設整備ボランティア体験事業	当市のスケート施設に係る準備作業及び運営整備を体験する事により社会参加と就労意欲の形成を促す。	（財）釧路市スポーツ振興財団	15	482
参加者計				127	2,972

項目	個別プログラム名	内 容	委託先 (協力先)	参加実人員	延べ参加者数
3 日常生活意欲向上支援プログラム	地域ネットワークサロンにおける意欲向上事業	日常生活の中で孤立しがちな母子世帯等を対象に、NPO法人の協力により、「親子サロン」「親子料理教室」「就職準備講習会」などへの参加を働きかけ、他の母子世帯との交流を図り、日常生活への意欲向上を促す。	NPO法人地域生活支援ネットワークサロン「えぷろんおばさんの店」	12	347
	読書環境整備ボランティア事業	日常生活の中で孤立しがちな世帯等を対象に、ブックシェアリング活動への参加を働きかけ、他の参加者との交流を図り、日常生活への意欲向上を促す。※H26年度は試行実施。	くしろブックシェアリング	1	49
参加者計				13	396

項目	個別プログラム名	内 容	委託先	参加実人員	延べ参加者数
4 就業体験プログラム	知的障がい者授産施設における作業体験事業	様々な事情で就労に不安を感じている被保護者（稼働年齢層）を対象に、知的障がい者授産施設での就業体験を通じて就労に対する意識啓発と自信の回復を図り、以って自立を支援する。	NPO法人くしろ・ぴーぷる	19	534
	精神障がい者授産施設における作業体験事業	様々な事情で就労に不安を感じている被保護者（稼働年齢層）を対象に、精神障がい者授産施設での就業体験を通じて就労に対する意識啓発と自信の回復を図り、以って自立を支援する。	社会福祉法人釧路恵愛協会「いずみの里」	7	202
	農園における農作業体験事業	様々な事情で就労に不安を感じている被保護者（稼働年齢層）を対象に、農園での農作業の体験を通じて就労に対する意識啓発と自信の回復を図り、以って自立を支援する。	NPO法人地域生活支援ネットワークサロン	4	126
			㈱阿寒観光振興公社	15	531
参加者計				45	1,393

項目	個別プログラム名	内　容	委託先（協力先）	参加実人員	延べ参加者数
5 その他のプログラム	多重債務者自立支援プログラム	多重債務を抱える被保護者の最低生活を維持し、自立助長を図るためには、債務整理が重要なポイントとなることから、関係団体との連携により、債務整理を促進する。	・法テラス釧路 ・クレサラ被害者の会「はまなすの会」	11	11
	DV 被害者自立支援プログラム	DV 被害者の安全確保と自立助長のため、関係機関との連携により適切な保護の実施と効果的な自立支援を行う。	・釧路市こども支援課 ・駆け込みシェルター 釧路ほか	6	6
	短期託児支援プログラム	各種自立支援プログラムへの参加にあたり、託児が阻害要因となる母子世帯に対して、一定期間託児を支援する。	・釧路市保育課 ・市内託児所、幼稚園	0	0
	成年後見制度活用プログラム	認知症高齢者や知的、精神障がい者の権利を擁護を目的に、成年後見制度の活用を支援する。	・社会福祉士会 ・家庭裁判所 ・司法書士会	14	14
	精神保健福祉支援プログラム	精神障がい又は精神疾患（認知症及び知的障がい者含む）を持つ可能性のある者に精神保健福祉士（以下、「支援員」という。）がかかわることで支援の改善につなげ、社会的な自立支援の助長を図る。	地域生活支援センター「ハート釧路」	116	1,352
	ボランティアリーダー育成事業	委託事業参加者の中から、稼働年齢層にあり求職活動を実施している者で、体験発表や事業所と生活福祉事務所の連絡係とすることで意欲喚起と社会的自立を支援する。	各ボランティア受入事業所	29	232
	整理収納プログラム	被保護者で、様々な事情から居室内の整理が出来ない者に対して、整理収納アドバイザーの協力を得て居室内の整理を行い、その中で日常生活面での意欲助長を図る。	整理収納アドバイザー	4	27
	高校進学支援プログラム	中学3年生を持つ親に対して、子供の高校進学に対する動機付けを行い、親子の進学意識を高めるとともに、入学までの各種支援を行い、子供の社会的自立を促す。		125	125
	高校進学希望者学習支援プログラム	被保護世帯に属する中学1～3年生で、高校進学を希望する生徒に対して高校入試に向けた学習を支援するとともに、同世代の交流を図り、以って当該世帯及び子の社会的自立の助長を図る。（参加・延べ参加欄上段は中学生、下段は被保護者の指導ボランティア）	NPO 法人地域生活支援ネットワークサロン	15	500
				2	79
参加者計				322	2,346

総計	個別プログラム数 26（36）		委託事業所数 20 ヵ所	1,183	14,644

≪参考≫ 2012（H24年度）　895　　8,757

2013（H25年度）1,063　14,922

2 生活福祉事務所の取り組み状況

　2013（平成25）年度から試験的に第7担当のケースワーカーの受けもち世帯数を40件に減らすとともに4人を自立支援担当と兼務することにしました。それは、自立支援プログラム参加者とプログラムの進行管理効果とニーズの把握等をより詳細に行うなど継続的推進体制をつくるめです。参加者の増加にともない、受け入れ先の受け入れ人数にも限界が生じることから、新たな受け入れ先の協力団体を探すことも必要になってきました。庁内連携により各課の協力および職員同士の情報の共有拡大を目指し、組織的拡大を進めていきました。自立支援事業の評価についての研究「Social Return on Investment（SROI）」も実施しました。

　2014年度からは、第7担当を自立支援担当と位置づけ、6人のケースワーカーの受けもち世帯を20世帯にし、面接業務・就労支援業務・自立支援業務を統合して、受給者支援および生活困窮者支援を一体的に取り組む体制にしました。

　生活保護受給者および生活困窮者へ、相談の入口から支援先まで総合的にきめ細かに対応できる仕組みづくりが今後は求められてきます。特に生活困窮者支援は、相談に容易に行ける場所（生活福祉事務所の委託事業である釧路市生活相談支援センターくらしごと）をつくり、そこで市民の困りごとをどれだけ吸い上げられるか、そして社会資源をどう活用していけるかが課題です。

生活福祉事務所ができること

　雇用状況が悪化し、貧困層が拡大するなか、私たち生活福祉事務所に

保護率自体を抑える力はありません。

　しかし、私たちは自立支援プログラムの取り組みによって、たとえば保護から抜け出せなかったとしても、受給しながら働くといった就労率を上げたり、ボランティア参加などで元気を回復して医療扶助率が結果的に少なくなるような生活への試みは可能ではないかと考えています。こうした考えのなか、釧路市は道内主要都市の中でも保護を受けている人の就労率が高く、医療扶助率の低さもトップクラスです。一人当たりの保護費支給月額は道内主要都市と比べて1.5万円〜2万円ほど低くなっています。単純計算すると、（支給差額）2万円×（受給者）1万人×（1年間）12か月では年間24億円の効果があることになります。

生活福祉事務所の活性化

　市役所で行きたくない職場のベスト3はNHK（納税・保護・国保）といわれています。この三つの仕事は市民生活への密着度の高い仕事であり、市民ニーズが高く時として苦情が多い職場であるともいえます。まさに市役所らしい仕事の代表格ともいえるものですが、こうした職場が敬遠されることは、残念ながらそれが全国の自治体の実態だと思います。何とかこの風潮を改めたい。そのためにも、生活福祉事務所で働く職員が意欲に燃えて果敢に仕事に取り組める環境づくりを進める必要があります。自立支援プログラムの取り組みは、一方で福祉事務所活性化のためのツールにも十分成りえると感じています。

民間との協働と開かれた生活福祉事務所

　生活保護の現場は高度のプライバシーを扱っているがゆえに、閉鎖的な職場だともいえます。

私たちは、無論個人情報を開示することはしませんが、可能な限り情報発信し、市民の理解を得たり、説明責任を果たさなければなりません。

　そのためにも、NPO や社会福祉法人、民間事業所とも積極的にかかわりをもち、協働していく形で、外に開かれた生活福祉事務所を目指す必要があると考えています。市民から生活保護の担当は何をしているのかさっぱりわからないと言われたり、生活保護が多いのは「審査が甘いからだ」とか「受給者は働かないでいい暮らしをしている」といった偏見が生まれるのも、生活保護現場のブラックボックス化が少なからず影響しているのではないでしょうか。

多様な働き方を認める

　私たちケースワーカーは、自立イコール一般企業への就労、低収入イコール転職への指導と、硬直的な指導を行って受給者を追い込んではいないでしょうか。受給者個々にハードルの高さは異なります。

　釧路市では自立支援の取り組みに、半就労半福祉イコール中間就労という概念をもち込みました。そして、ボランティアなどのアンペイドワークも多様な働き方の一つとして認めていきたいと考えています。このことによって、ケースワーカーと被保護者の関係を指導指示関係から本当の意味の支援関係に変えることが可能となり、信頼回復を構築することにつながると考えています。

自立生活支援員の機能と役割

　釧路市が行う自立支援プログラムの中で、自立生活支援員の存在は欠かすことのできないものです。自立生活支援員が参加現場に数多く足を運び参加者の相談に耳を傾けたり、活動している様子をケースワーカー

に伝えることは、参加者とケースワーカーの相互理解に欠かせません。

どうしてもケースワーカーだけの支援では上下関係ができやすく、悩み相談などは思うようにいかない場合が想定されます。

ケースワーカーからプログラムへの参加を誘われて参加した人の中には、辛いとか合わないとかといったことをケースワーカーにはうまく伝えられなくても、自立生活支援員に対しては、本音で悩みを話せることが少なからずあります。

自立生活支援員が一緒に作業に参加するなど、同じ時間を共有することで信頼関係が生まれ、気軽に悩みを打ち明けられるようになるのです。参加者の顔つきが穏やかで、笑顔にあふれていることが自立にとっても望ましいと考えます。

担当ケースワーカーに対しては、作業内容および活動への姿勢、悩みごとなどをフィードバックすることで、ケースワーカーが作業現場を見学した時、今まで見たことのない笑顔で作業を行っている様子を知ることになり、それがアセスメントの再構築に役立ちます。さらに、家庭訪問の中で、活動の話をすることでお互いの意思の疎通ができたり、認識の違いを確認できたりもします。このように、自立生活支援員はプログラム参加者とケースワーカーとをつなぐ役目も担っています。

3　自立支援プログラムに参加して

まず最初に自立生活支援員の視点から自立支援プログラムの事例を8つ紹介します。ここでは、自立生活支援員のかかわりやプログラム参加者との関係の変化などを読み取ることができます。

事例 1 20歳代後半の男性Yさんはひきこもり傾向が強く、それまでも担当ケースワーカーと就労支援員がかかわり、少しずつ会話ができるようになってきたそうだが、就労はまだ難しい段階とのことで、担当ワーカーから紹介を受けた。

　初めて会ったときには言葉少なで、緊張のせいか額から汗びっしょりで、居心地悪そうにしており、最初に紹介したボランティア活動には参加しなかった。その後「試しに」と動物園環境整備ボランティアに参加。時折休みながらも通った。冬期になり動物園の活動が終了したため、せっかく身についた「週1回外へ出る」習慣を維持できるよう、知的障がい者施設へ誘ってみた。その頃には、「まずは見学してみてから決めたい」と自分の意思を伝えてくれるようになっていた。見学後、「ここなら」と参加し、さらにその活動の年度終了時には、かなり長い時間、自分の気持ちや活動の様子を話してくれるようになっていた。

　当初、その活動のグループ分けをしたときに、「顔見知りがいれば少しは不安が少なくなるのでは」と思い、動物園で同じグループだった人と一緒にしてみた。「動物園では作業に集中するあまり誰とも話ができなかったが、今は、動物園で同じグループだった人と、帰りも同じバスになり話ができるようになった。自分なりに作業にもとけこめてきている。作業所の雰囲気も明るいし、せっかくなじんだのでここでもう少し続けたい。自分がどれだけ役に立っているかわからないけど、スタッフは皆さん親切でいつも帰りには頭を下げて見送ってくれ、自分からも挨拶をかわせるようになってきた」と話してくれた。

　施設長と話したところ、「最初はよく緊張のせいか休憩をとっていたが、回を重ねるごとに彼の表情が明るくなるのがわかった」とのことだった。

事例 2 20歳代の女性Tさんに介護ヘルパー同行ボランティア活動の説明会でご一緒したときのこと。帰りのバス停まで見送りがてら歩きながら話をした。

　彼女は「生活保護を受けている人にこんな支援をしてくれるようになったのはいつからですか？　釧路だけですか？」と質問してきた。聞けば、彼女はある町で幼い子を抱えて離婚し、昼は育児、夜は無認可保育園に子どもを預けて働いていたそうだ。「持病もあり、身体をこわして生活保護を受けようと思ったときも、ずいぶ

ん心ないことを言われました。悔しくて私は早く自立しなきゃ…って思ったんです。今は子どもも小さいしすぐには働けないけど、仕事に就くまでの経験になるからこういう活動に参加できてうれしい」と語った。その後、一時保育手続きや資格・就職などについて相談するようになっていった。

　ある日「ボランティアに行くとき、子どもが一時保育に行きたがらず、泣くようになったんだけどどうしたらいい？」と電話がかかってきた。どうやら保育園での昼寝の時間に、以前、夜に預けられていたことを思い出すらしく、それで泣くようだとのことだった。子どもを連れていけないときに泣かれると、親としても後ろ髪ひかれる思いでおいていくことになる。その気持ちは痛いほどよくわかる。しかし、これも彼女にとって自分で乗り越えるべきハードルだと思った。彼女の話をよく聞いて気持ちを受け止めつつ、彼女自身に「自分はどうしたいのか」を考えてもらった。考えられる選択肢は「せっかく始めたけど、今回はボランティア参加を見合わせて子ども中心で考える」のか、「出かけない日や夜寝るときにはギュッとだっこして、安心させてあげたり、『保育園、楽しみだね、どんなことしたの？』と声をかけたりして慣らしていくか」。彼女の決断はこうだった。「働き始めたら、結局は預けなくてはいけないし、ここで子どもの言うままにしたら、いざ働くときにも『お母さんはいつも言うことを聞いてくれる』と思ってしまうかもしれない。今はかわいそうだけど預けてボランティアに参加します」と。

　彼女は非常に意欲的で、2か所のボランティア先で活動した。その1つである障がい者のデイサービスで求人が出たため「応募することにした」と履歴書用紙をもってきた。「書くのを手伝って」と言い、一緒に考えながら書類を仕上げて提出。無事面接にとおり、「体調も育児も無理なくがんばれる職場を得られた」と喜んでいた。通常保育の手続きについても調べ、保育課へ同行。子どもも一時保育のときより家から近い保育園に通い始め、泣くこともなく、いい状態で通園しているとのことだった。

事例3 40歳代後半の女性Mさんは、1度も就職した経験のない母子家庭の母親。Mさんは、「とにかく働いたことがないので何ができるかできないか、好きか好きじゃないかさえもわからない」と言い、文字どおり「試しに」参加した。自宅の近

くに介護ヘルパー同行ボランティアをお願いしている事業所があったため、そこをご案内した。

時折、電話で様子を聞くと「（家事など）家でやっていることだから、苦もなく何とかやれています。これならできるかも」とのことだった。同行しているヘルパーさんにも励まされ、「資格取得のために勉強したい」とヘルパー資格取得講座に通うこととなった。

その後、本人の就職意欲も高まって、生活福祉事務所で企画した「就労準備講習会」に参加。就労支援員の支援も受け、ボランティア参加から1年半後、自宅近くの施設に介護職として採用された。

事例4 2006（平成18）年度の冬、「高校を中退した子がいるのだが」と担当ケースワーカーから相談があった。聞くと「あと数か月で卒業だったのに、人間関係の問題で辞めてしまった。まったくニコッとすることもないし、挨拶もできない、話しかけても返事もしない女の子だが、家にこもっていてもしょうがないし、何かボランティアを紹介してもらえないだろうか」とのことだった。担当ワーカーに「まずは会って話してみたい」と伝え、17歳のYちゃんが母親と数日後に来所した。

担当ワーカーが話していたとおり、挨拶しても返事はなく、担当ワーカーが話しかけても無反応なので、隣に座っている母親が代わりに返事をするという状態だった。

母子を残して、少しの間、担当ワーカーとその場をはずして相談した。「こんな感じなんだ。どうする？」と担当ワーカー。「たぶん『お母さんが一緒にいるから、自分は話さなくてもいい』と思っているのかもしれないので、私（自立生活支援員）と2人だけにしてみてください」と私。直接話してYちゃん自身の気持ちを知りたかった。「わかった。じゃあ『いろいろ手続きもあるし、お母さんとも話したいから、他の場所で話してるから』と言うね」と担当ワーカー。そして、個室に2人だけにしてくれた。

まずは、自己紹介をすることに。私はボランティアのメニューを紹介する担当で、今、こんなメニューがあるよ……、ということから始まって、漫画・アニメ・音楽のことなど興味のありそうなことを話したり尋ねたり。そうしているうちに、次第に彼女の表情がやわらいできて、受け答えをするようになっていった。部活動のこ

とについて話していくうちに、笑顔も見せるようになり、ボランティアについても「家から近い障がい者施設に行ってみる」ということになった。

　ボランティア活動先の説明会に同行。人とのかかわりが得意ではないように思え心配だったので、何回か一緒に作業にも参加した。そこでのおもな作業は、古い着物の縫い目をほどくこと（その後、その布を使ってバザー用の小物をつくるのだそうだ）。細かい作業のうえ、ほどいていくコツもあり、意外に奥が深い。Ｙちゃんは、スタッフに教えてもらったコツをすぐにつかんで、上手に作業できるようになった。最初は言葉少なであまり表情を変えないように見えたＹちゃんだったが、スタッフにもほめられ温かな雰囲気の中で、時折笑顔も見せるようになっていった。

　2007（平成19）年度はボランティアも増え、皆とおしゃべりをしながらの作業も楽しくなった。Ｙちゃんも引き続き同じ場所に参加した。ある日、一緒に作業をしたときのことだ。Ｙちゃんは、自分から趣味やテレビ番組、友だちのこと、最近食べた料理のことなど、いろいろな話を楽しそうにしてきた。すっかり施設にもボランティア活動にも慣れ、ふだんの生活でも新しい友だちができたり、アルバイトをしたりして社会経験が増えたようだ。1年前とは違うＹちゃんがそこにいた。施設のスタッフも、「最近、Ｙちゃんが自分から挨拶してくれるようになった。変わったよね」と話していた。

事例5　もの静かな50代歳半ばの男性Ｓさんは、障がい者の作業所にボランティアとして参加するようになった。バス利用だと乗り換えもあるような遠い道のりだが、「できるだけ自転車で通いたい」と自転車で定期的に参加。時どき、参加の様子を話しに生活福祉事務所へ立ち寄る。「行くところができて楽しいんだよね。毎日でも行きたいくらいだ。今までは、外に出るといっても病院と近くのスーパーくらい。買うものもないのに毎日スーパーに行くわけにもいかないし、あとは家で一人でテレビを見てるだけの生活だった。家にいても余計なことを考えてしまうだけだし、ボランティアが生きがいになっているんだよ」。

　ある時、作業所でいつもの作業とは別に、枝切りの手伝いを頼まれ、頼りにされたのがうれしかったようだ。積極的に障がい者との交流会にも参加している。

事例 6 冬期の公園管理ボランティアはきびしい寒さの中での外作業のため、夏場のボランティア活動より忍耐を要するように思われた。参加定員は4人で、2人ずつ組んで作業にあたる。就労により近い形で、数人の職員と一緒にトラックで移動、市内の街路樹や公園の木の枝を職員が剪定。ボランティアがその枝を回収し、清掃車に積みこむ作業が中心だった。

　応募者には作業内容や季節的な状況も話し、期間内、しっかり続けられそうな人をと考えた。夏場から動物園ボランティアにも参加していた就職経験のない17歳のTくんが応募した際、寒さの中の作業がイヤにならないか心配していたが、ペアになった先輩参加者の50歳代のYさんは、休憩時は冗談を言い合いTくんの緊張をほぐしたり、作業中は一生懸命働く姿を見せて、Tくんを見守り支えてくれた。Yさんは「（Tくんは）大丈夫、がんばっているよ。作業の後半は慣れて、誰に指示されなくても作業用コーンを移動させたり、動きもよかったよ」と様子を教えてくれた。

　Tくんは、母子家庭で中学時代はひきこもりがちで不登校もあったようだが、ボランティア活動では彼がふだんの生活では接することのないさまざまな年代や性別の人とかかわる機会が増えた。精神的に支えられ、見て・身体を動かして仕事を覚えてきた。活動先でも「兄ちゃん、これ頼む」と他の参加者にも頼りにされる場面があり、今後、就職に至るまでの準備が少しずつできている。

事例 7 障がい者の作業所に参加する50歳代後半の女性Oさんは、今までさまざまな仕事をしてきたが、現在はいくつかの病気を抱え、食事制限もある。働きたいと思っても思うように身体も動かず、年齢的にもなかなか雇ってもらえない状況があるという。

　「ここの利用者さんが、『作業の速さを競ったりしなくていいよ。自分のペースですることが大事なんだよ』と言ってくれるのでほっとする。『助かるよ』とお礼を言われると、私でも役に立ってるんだなぁと、うれしくなる。最近は、毎日びっしりじゃなく、ここのように週何回かの短時間の仕事なら自分にもできるかもしれないと思うようになった。そういう仕事はないですか？」とOさん。

　確かに条件に合う短時間のパートならできるだろう。また、1人で長時間働けない人も、何人かのグループで働けたら1つの仕事を何人かで分担できるかもしれな

い。1人分の収入は低くはなるものの、一人ひとりがやりがいを感じ、社会とかかわる機会を得られるだろう。

　「0か100か」というのではなく、0と100の間には無数の段階があるわけで、その人の状況に合った働き方を選ぶことができるといいのに……、と感じる。

事例8　精神障がい者の授産施設のボランティア説明会でのこと。60歳代前半の男性Kさんは、施設長から「私たちはまったく素人だけど、本来の仕事のほかに、冬の寒さで凍結した水道管や強風にあおられたビニールハウスを修繕しなければならないんです」という話を聞き、「自分はものづくりは好きだし、屋根を直したり、溶接など、ずっとそういう仕事をしてきているから何でもやってあげるよ。自分はものづくりが好きなんだよねぇ。でも、なかなかその技術を活かせる場所がないんだ」とのこと。

　60歳代前半の男性Hさんも施設のシャッターが壊れていると聞き、「俺はそういう仕事してたから修理を手伝ってやるよ」と言い、さらに「夏場の農作業もあるなら手伝いたいなぁ。自分が蒔いた種がだんだん大きく育っていくのを見たいもんなぁ。それ売ったりしてなぁ」とうれしそうに話していた。彼はよく生活福祉事務所を訪れて「（ボランティア作業で）身体を動かしたあとはご飯がおいしいんだよねぇ」と話している。

阿寒・山花農園のボランティア農作業の様子

市民農園のボランティア農作業の様子
（いも掘り）

●参加者の声

阿寒農園（オアシス）

・参加者Mさん　50歳代

　5か月間の短い期間でしたが楽しくすごせました。最初、自分は週2〜3回の参加希望でしたが、就職活動やケースワーカーさんの意見（考え）もあり、週1回の参加でした。

農園作業

　男手が少なく（他1人）、ほとんどが肉体労働のような作業で楽しいのですが、かなり足・腰にこたえました。

　ケースワーカーさんに何度かお願いし、後半2か月間は週3回の参加ができ、体力的にも気持ち的にも仕事をしているんだ（保護受給だからしかたなくではなく）と思えるようになりました。来年も、また同じ所に参加したいです。

　他の人が1年後、2年後と先のことを話していたのが、ちょっとうらやましかったです。

阿寒農園（公社）

・参加者Hさん　50歳代

　今年で2年、レクリエーション農園のボランティア作業に参加させてもらいました。今年は春さきの天気が悪く、思うように野菜、トウキビ、芋など収穫はありませんでしたが、ケースワーカーの皆さんの農業体験、大根タネまきトウキビの枝おさえなど、各自一人ひとりが真面目に作業をしていたことが思い出されます。農園スタッフの皆さんの指導のもと、最後まで頑張れたことを感謝する次第です。

収穫後の後片づけ

・参加者Hさん　40歳代

　ここ数年、ハローワーク通いをしていますが、年齢、資格取得の有無などで、なかなか就職まで至らないことが続いております。そのうえ、体力も若干落ちており、もし仕事に就いても、体力維持に自信がない状態をできるだけ避けたく、ボランティアを続けたいと思っております。

　公園管理のボランティアは、天候不順などで中止になることが多く、作業工程が中途で終わったり、他の場所に移動となったりと達成感がありません。人手が多いほど作業がはかどると感じたボランティアでした。

・参加者Yさん　60歳代

　今年の公園ボランティアは、雨で中止が多かった。とても楽しみに待っていたけど残念です。今年も、左腕、歯の手術やらでたいへんな日々でした。ボランティアでは、いい汗をかいて、すがすがしくとってもやりがいがあった。

　ふれあうなかで、いろいろ話もするし冗談も言えるようになりました。生活面でも前向きに日々頑張っています。

・参加者Sさん　50歳代

　公園管理が、最もやりがいがあってためになり、気分転換にもなるが、ただ期間が短いので、もう少し期間を長くしてほしい。

　4月頃からずっと続けてほしいと思います。期間が長く続くと体の調子もいっそうよくなると思います。また就職活動の体力づくりにもなります。

　特に、動物園と公園管理の2つは、友人もでき、張り合いも生まれ、非常によいです。

インターンシップ　公園管理
剪定枝の回収・清掃

動物園環境整備

・参加者Sさん　30歳代

　今年で2回目の動物園のボランティアをしました。去年は何が何だかわからないうちに、人に教えてもらいなんとか仕事をこなしました。でも、今年は去年やっていたので仕事の手順がわかりとてもやりやすかったです。

　また、友だちもでき、話をする人も増えました。そのことは、私にとってとてもプラスになりました。人と話すことや、集中力がないのが私の悩みでしたが、ボランティアをとおして人とのつながりをもつことができ、とてもよかったと思います。来年もぜひ動物園のボランティアをやりたいと思っています。

・参加者Tさん　40歳代

　私は、動物園環境整備に参加しました。毎回行う仕事を早く聞いて行動に移すことに慣れるまでしばらくかかりました。それでも慣れた頃には、参加している皆さんとの喜びを分かち合うことや協力するたいせつさ、悲しみを乗り越える強さを学び、これからの人生の糧として役に立たせてもらえたことを心から感謝しております。

・参加者Mさん　50歳代

　参加するにあたって、腰の痛み、手足のしびれがあり、とても不安で続けていくことができるかと思いました。ボランティアは昼食をはさんだ前後1時間の短時間でしたから、多少の痛みもがまんして楽しんで仕事をすることを心がけて行いました。

　また、動物たちを毎週見ることができるのも楽しいと思っていますし、家にいて経験できないことでしたから、新鮮で楽しい気持ちになっていきました。

えぷろんおばさんの店

・参加者Sさん　50歳代

　私の行っている所は坂道の上にあり、冬アイスバーンになったらどうしようかと困っています。左足が（脳梗塞）あまり自由にならないので不安です。お店の人たちは、皆さんはとてもあたたかくてよい人ばかりです。足が痛いので椅子、机を用意していただいたり、毎回おいしいお茶をいただき、楽しくボランティアができます。あまり役にたっていませんが、頑張りたいと思います。

・参加者Aさん　30歳代

　私はボランティアに参加して今年の6月で2年目に入りました。はじめの頃は何もかにも初めてで（ボランティア活動に）戸惑いを感じましたが、自分にプラスになることばかりで、現在は楽しくもあり、またいろいろ勉強になることばかりです。これからも身体に気をつけながら続けていけるまで頑張って参加していこうと思います。

くしろ・ぴーぷる

・参加者Yさん　40歳代

　女性でありながら裁縫はまったくしていなく、通うのが楽だったので選んだんですが、他のボランティアさんにいろいろ助けていただき、なんとか今までやってこれたような気がします。

　やるからには休みたくないと思ってボランティアに参加しているので、遅刻はありましたが休むことはしなかったので、それはよかったと思っています。これからも休まず、できれば遅刻もしないで続けたいと思っています。

いずみの里

・参加者Sさん　30歳代

　家の中にいる時間が多いので、ボランティアは気分転換になる。

星が浦病院

・参加者Kさん　50歳代

　はじめは慣れなくてとまどいもありましたが、徐々に慣れて患者さんとお話するのが楽しみになりました。患者さんに言われた「ありがとう」という言葉はとてもうれしかったです。

お話の相手

わたすげ共栄

・参加者Sさん　30歳代

　わたすげにボランティアに行かせてもらって、介護福祉士として仕事をしたいと強く思いました。利用者や職員の方々と接して、多くのことをあらためて教えてもらったように思います。自然に利用者とふれ合い、利用者の笑顔にうれしくなる自分がいました。

ふまネット・歩行訓練の様子

ケアコートひまわり

・参加者Hさん　40歳代

　曜日によって人がいる日といない日があり、場合によっては施設の職員に迷惑をかけてしまっているような気がしてなりません。同じようにボランティアで参加されている方の、ご自分の都合に合わせてこうなっているのは、理解できるのですが、ボランティア活動されている現場の声も聞き入れてほしいと思います。

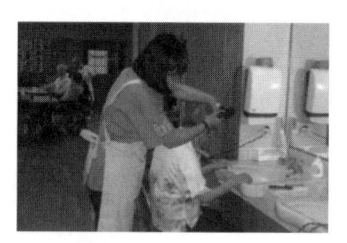

髪の毛を乾かす

　将来的に福祉施設への就職を希望し、それに向けた資格取得や、今参加している施設だけでなく、その他の場所でも参加できればいいと思っています。

インターシップ　ビケンワーク

・参加者Iさん　30歳代

　2年間行ってみて前のように重たい物がもてなくなったことがわかりました。でも、体と相談しながら、自分のペースでやりたいと思っています。今後どうなるのか、わからないけど続けられるのであれば続けたいと思います。

廃材の選別作業

高校行こう会

・参加者Mさん　50歳代

「高校行こう会」の場合、学習支援だけでなく生徒のコミュニケーション能力を高めるために、どんどん声をかけて、子どもたちが声を出すようにするために、自分自身のテンションが上がります。また、教材づくりもしていますが、自分なりの目標とか目的意識をもって接すれば、日々充実感とか充足感が感じられます。生徒のみならず、職員、ボランティア、冬月荘の住人の多くの人たちとの「ふれあい」で孤独感を感じることはまったくありません。

・参加者Hさん　40歳代

人と接する機会が減り、孤独感を感じていましたが、冬月荘のボランティアに参加してからは、スタッフ、学生ボランティア、中学生と接し、皆で交流、受験勉強をすることに今はやりがいを感じています。

普通のボランティアと違い、授業用の事前準備等（私自信も生徒に教える分は参考書や問題集で勉強しています）、日中も時間を持て余すことが少なくなり、父親の介護も含めて規則正しい生活ができています。

今年で3回目の参加となりましたが、一生懸命勉強する姿や交流面で楽しく過ごすなかで、それぞれが成長していく姿を見ていると、私にとっても原点に戻る心境でたいへん励みになります。

・高校生チューターSさん　18歳

高校へ行こうの会に参加して、新しい友だちもできたし、2つ目の家ができた気分でした。冬月荘で勉強したり、レクをやったことは、たいせつな思い出になっています。今は勉強を教えてもらう立場ではなく、教える立場として行ってますが、これからも続けていってほしいと思います。

高校行こう会（コミュニティハウス冬月荘）の様子

情報事務科

・参加者Ⅰさん　30歳代

　今回の情報事務科での訓練は、パソコンや電卓の操作だけでなく、人間関係が苦手な私には、とても勉強になりよい経験になりました。また、一からパソコンや電卓の操作を習い資格を取得したことにより、自分に自信がつきました。この経験を糧に、今後も、就職活動を頑張り、少しでも早く自立したいと思います。

・参加者Mさん　20歳代

　私は幸運にも就職が決まり、すでに働いています。今の職場にたどりつくまで数か所の面接を受けました。しかし、母子家庭を敬遠される風潮を痛感しました。「子どもが病気のとき、ほかに面倒を見てくれる人はいるのか？」「わが社の給料で生活できるのか？」「休まれると困る……」

　一日でも早く、パートでもいいから働きたい‼ と意欲はあっても、採用してもらえない、と落ち込んだ時もありました。

　母子家庭であることを隠したほうがよいのか……、と悩みました。しかし、就職活動をするなかで出逢ったある方の「就職は"縁"だから、自分に自信をもって、アピールしていきなさい」という助言に励まされ、今に至っています。

　講座の中に、メンタル面をフォローしていただけるような講演等が含まれると、もっと前向きになれるのではないかな……、と思いました。

情報介護科

・参加者Hさん　30歳代

　介護の仕事といえば、訪問先での食事や生活介助しか頭になかったが、情報介護科に参加して介護保険やさまざまな病気のことがわかりました。

　実習では、実にコミュニケーションのとり方が難しく、苦心しました。高齢者ばかりではなく、身体（知的）障がい者のことも勉強できて、とても内容の濃い授業です。今は本当にやってよかったと思っています。介護と並行してパソコンをしていますが、まったく操作したことがなくはじめはわかりませんでしたが、徐々にできるようにな

り今は楽しいです。

・ 参加者Ｓさん　40歳代

　学校に行くようになり、最初はいやなことだらけの毎日でした。もう辞めようかなとか思ったこともあります。毎日、自分自身に問いかけながら、気合を入れて行っていました。しだいに、人の温かみなどにふれ、励まされていくうち、言いたいことが言えるようにもなりました。

　自分のスキルが少しでも上がっているような気がしていますし、これからの人生、まだまだ捨てたもんじゃないな！と思う強い心と精神力を養うことができたのは、自分にとって１番の宝になったと思います。

〈アンケートから〉

●自立支援ボランティア事業に対する意見・要望・感想より

・ひきこもりになりがちな生活も、ボランティアへ行くことにより外に出るきっかけになるのでよいと思います。

・ボランティアは非常によい気分転換になり、体調もそこそこよく、生活にもハリが出ている感じがします。実際にこれらが現実となって現れています。

・参加者にボランティア事業に参加する目的についてきちんと説明してほしい（特にインターンシップ）。目的意識をもたずに参加している人が見受けられる。

・ボランティアの仕事内容に対しては満足感がありますが、多くの同僚の口から出るのは、多少なりとも企業からの対価があるとより達成感が得られるのではないかということ。交通費（現在は生活保護より支給）くらいの支給などがあるとよい。

・もし普通の勤務ならクビになっていると思います。ボランティアだから続けられることがありがたいと思います。はじめに「高校へ行こう会」に行ったとき、利用者の人に「ここは早さを競う仕事じゃないよ」と言ってくれたことがボランティアを続けるもとになっています。ありがとうと言われることに感謝です。

・笑うことがあった。ボランティア仲間と声を出して笑った。調子は悪いが、笑うことが大事だと思う。

・自分は仕事をしてるんだと思うようになった。生活保護を受給している肩身の狭さが少なくなり、給料を生活保護費として支給してもらっているんだと思うことで、世間の目を気にせず外出が楽になった。

4　子どもの学習支援

　NPO が運営する「冬月荘」では、2008（平成 20）年 1 月、中学 3 年生を対象に高校進学学習支援を開催しました。当初、進学を希望しない生徒やひきこもり状態の生徒、不登校生徒を対象に居場所づくりと学習支援をセットとし、さらに親に対して参加同意を取るなど、親子に参加の確認を行うことから始めました。学習支援とはいえ、子どもたちの中にはほとんど学校へ通っていない子どももおり、他の子どもと仲よくできない子もいました。そこで、悩み相談的な場所としても活用できるように考えました。

　開始当初は長期間の休み（春・夏・冬）の 1 週間〜 10 日間の実施としました。終わりが近くなると、参加者の中から平日にも開催してほしいとか、きょうだいも連れて来たいという声が出てるようになりました。そのつど、子どもの要望にこたえる形で進化してきました。2 年目からは学習支援参加の卒業生が高校生となり、先生役（チューター）として多く参加するようになりました。循環型子ども支援として大きな変化であるととらえています。

　「高校卒業の証は必要だよ」という一言であっても、大人より現役生の一言のほうがとらえ方や考え方が伝わりやすいのです。また、参加した子ども同士が同じ高校へ行くことも少なくありません。別の高校へ

行っても学習支援（冬月荘）が居場所であったり、相談場所であった
り、自分が素で居られる場所になっていると子どもたちは言います。

　参加する子どもの対応が年により変化するのもおもしろい現象の一つ
です。遊びを重視する子どもが多い年があったり、勉強だけに通う子が
多かったりと、さまざまな子ども模様があることを忘れず、子ども目線
でともに悩み考え、答えを引き出すようにかかわっています。子どもが
挑戦してみる意欲を大事にできる場所であってほしいと願っています。

学力向上

　現在まで勉強会に参加した子ども数は 102 人、高校進学者数 101 人で
進学率 98％、高校中退者数 5 人で 5％と、支援の成果は確実に上がっ
ています（2007 年〜 2014 年 3 月末）。子どもと子どもをつなげる意味、
学校とつなげる意味、親とつなげる意味、社会とつながる意味、すべて
が叶うことは難しくても、一つでもつながることができると、子どもも
親も前向きになっていきます。ですから、私たちができることはつなげ
ることと居場所の提供であり、参加者が気楽に話ができる環境づくり、
これを外すことはできません。

表3　勉強会の参加者、高校中退者の推移

年　　度	2007	2008	2009	2010	2011	2012	2013	計
参加人数	9	24	22	15	7	12	13	102
公　立　校	9	22	20	14	5	12	13	95
私　立　校		2	2	1	1			6
短・大学	1	1	2	2	1	1		8
高校中退者		5						5

寺子屋風

冬月荘の勉強会は参加者がテーブルを囲んで座敷で行うことや、隣に座り寄り添いながら勉強やプライベート的なことも相談できるところがよいところです。質問がしやすいチューター（先生役）も一緒に考える仕組みです。

そこには強制的なものはなく、自分がしたい科目から順番にできることも子どもにとっては最高の環境になっていると思われます。はじめの頃はゲームだったりギターを弾いたり、遊びが多かったような気がしますが、最近は勉強をする子が多くなっています。

なかなか勉強に興味をもてない子どもであったり、勉強についていけない子どもが多かったので、チューター会議で話し合い、市のこども遊学館に頼んで科学実験の出前講座を始めたところ、食い入るように科学の実験を見ていました。また、飲食店のマスターが手品を披露してくれたこともありました。いろいろな社会人がチューターとして参加してくれたことで、大人との会話ができました。

当時の釧路市長が、ギターの弾き語りでチューターとして参加してくれたこともあります。子どもたちは、はじめて釧路市長に会いとても喜んでいました。

5 居場所の必要性

本人の"気づき"を促す

「俺、少しずつだけど、変わってきたかもしれない。人生いつでもやり直せるって思えるようになってきた」。参加した子どもの言葉です。

自立支援プログラムの参加は、原則として本人の参加意思の確認と同意が基本となります。支援する側が見失ってはならないことは、自立支援プログラムがあくまで当事者の自立に向かうためのものであり、参加させること自体が目的ではないということです。残念な事例では、担当ケースワーカーが自立支援プログラムに形式的に参加させることで満足してしまい、それで終わりにしてしまうことです。単に失敗例の一つとして片づけることは時期尚早であり、そこから学ぶことも数多くあるからです。受給者の中には生きる活力を失い、疲弊している人は少なくないのです。

　自立支援プログラムをうまく運用できない例として、参加が必要と思われる人に話をしても明確な意思表示がないため、担当ケースワーカーがしびれを切らして指導・指示に走ってしまうということがあります。

　自立支援を考えるうえで重要なことは、本人の"気づき"を促すことです。この気づきを起こすきっかけが"小さな成功の体験"にあります。うまくいったという経験は、自分自身の成長や自信につながるものです。この成功体験を積み重ねることで、自分がステップアップしている感覚をつかんでもらうのです。気づきは、自分自身の環境や物ごとを相対化するためには不可欠です。

働くことからの責任感

　中間的就労の一つである「整網作業」に参加するのは、ボランティア活動を経験してから参加を決めている人が多く、中間的就労への参加により工賃が発生することで参加する意識が変わったと言います。自ら技術を習得し地域へ貢献できること、頼られることによる精神的開放感であったり、体力的回復力などが、仲間と作業をする喜びとなっています。

・技術の習得

　指導者が、なかなかうまくいかない整網作業を根気強く指導してくれました。参加者同士が試行錯誤する光景は一生懸命さが実感できました。個々人の習得する時間はそれぞれであり、一見すると喧嘩をしているような場面もあり、担当者もヒヤヒヤものでした。しかし、こうして技術を習得していく「職場」となっていく実感がありました。

・制作期日の厳守

　当初は量的に少なかったので、期日のことはあまり考えずに作業をしていました。半年の試行訓練期間を終え、受注先からも頼られ、実際の整網作業が始まりました。2か月後にできあがった網の納品、できあがり状態の確認作業、期日までの日程調整など、参加者が協議し決めてきました。受注からの責任感が参加者全員に伝わりました。そして、将来どのように進化させたいとか、漁具だけでなく、他の網制作事業に発展させられないかなどの話し合いもなされました。

　給料日には達成感でもあり、笑みがこぼれ、「うまいものを食べる」「稼いだ金を使うのは心が楽だ」と参加者から何気なく出てくる言葉一つひとつが印象的で、社会とのつながりの重要性を実感しました。

第4章

生活福祉事務所の挑戦

1 アセスメントの活用と援助方針

生活保護世帯への支援にとって、従来の"処遇方針"から"援助方針"に変更した意味は大きいものがあります。従来の「指示・指導型処遇」では困難であることは明らかで、自立のためには個々の受給者の課題を明らかにして（アセスメント）、課題を分析するとともに、それらの課題に応じた具体的な援助方針を策定（プランニング）することが必要です。しかし、実体としては援助方針が就労に特化しているもの、明確な課題設定ができていないもの、担当ケースワーカーの主観的なものといったように組織的な支援の方針としてはばらつきがありました。そのため、面接、アセスメント、プランニング、支援実施を適正に行うために、アセスメントシート作成グループを立ち上げました。

作成したアセスメントシートは、可能な限り客観的に保護世帯の全体像を把握し、評価を行い、その世帯のもつ課題に対して活用可能な制度を確認できるものとしました。しかし、世帯の状況を把握できるアセスメントシートであっても、複雑なものではケースワーカーにとって使いにくく、適切に活用されなくなるおそれがあります。そこで、保護世帯にも理解しやすく、簡潔かつ明瞭となるように心がけながら、ケースワーカーが課題やそれに対する支援、制度を見落とすことなく、細かな状況を把握する契機となるよう項目の整理を行いました。このアセスメントシートにより、世帯を客観的に把握し、中長期目標を含めた援助方針を立て、個々の特別な課題についても支援していくことを目指しています。このアセスメントシートは2012（平成24）年度から試用実施しています。より実用的なアセスメントシートに改良していくことが今後の課題です。

図15　アセスメントシート

分類	項目	現状・課題	対象者（主）	利用可能な制度・サービス等
生活状況	A日常生活機能(ADL)	①心配無し　②援助が必要		【利用可能な制度・サービス等】 A　介護保険サービス 　　障害福祉サービス 　　GH・高齢者下宿・ケアホーム BCD 自立支援プログラム 　　えにい・まじくる G　住宅扶助等プログラム H　社会福祉協議会 　　地域福祉権利擁護事業 I　多重債務者自立支援プログラム 　　法テラス・はまなすの会
	B規則正しい生活	①出来ている　②乱れがち		
	C社会参加	①している　②していない　③してみたい		
	Dコミュニケーション	①得意　②不得意		
	E介護保険サービス	①利用している　②利用していない		
	F障がい福祉サービス	①利用している　②利用していない		
	G家賃	①基準内　②基準超過		
	H金銭管理	①心配無し　②援助が必要		
	I滞納・負債	①無し　②有り		
	J近隣との交流	①している　②していない		
	K知人との交流	①している　②していない		
稼働状況	A稼働収入	①3万円未満　②3〜8万円　③8万円以上		【利用可能な制度・サービス等】 ABC　ハローワーク 　　　就労支援事業 G　保育園・幼稚園・託児所・児童館 I　資格取得プログラム 　　母子世帯資格取得講座活用プログラム
	B稼働能力	①活用している　②活用できていない		
	C雇用形態	①正社員　②パート・アルバイト　③日雇い・内職等		
	D各種健康保険加入	①有り　②無し		
	E雇用保険加入	①有り　②無し		
	F通勤手段	①徒歩　②自転車　③バス　④送迎　⑤自家用車　⑥JR		
	G小学校以下の子供の預け先	①保育園等　②親族の援助　③その他　④無		
	H資格	①持っている　②持っていない		
	I資格取得	①希望している　②希望していない		
求職状況	A就労意欲	①積極的　②消極的		【利用可能な制度・サービス等】 ABCD　ハローワーク・えにい 　　　まじくる 　　　就労支援事業 　　　自立支援ボランティア F　資格取得プログラム 　　母子世帯資格取得講座活用プログラム H　保育園・幼稚園・託児所・児童館
	B未就労期間	①1年未満　②1〜3年　③3年以上　④未就労		
	C求職方法	①ハローワーク　②雑誌・ネット等　③知人紹介		
	D求職頻度	①0回/月　②1〜5回/月　③6〜10回/月　④11回以上		
	E資格	①持っている　②持っていない		
	F資格取得	①希望している　②希望していない		
	G就労阻害(障がい・要因)	①無　②身体　③精神等　④養育　⑤介護　⑥家庭		
	H小学校以下の子供の預け先予定	①保育園等　②親族の援助　③その他　④無		
子供の状況	A家庭での養育状況	①心配無し　②支援が必要		利用可能な制度・サービス等 ACF　学校・こども支援課・児童相談所 　　　DV被害者支援プログラム 　　　健康推進課 B　学校・教育支援課・高校行こう会 D　障がい福祉課・まりも学園 E　学校・児童相談所 H　家庭裁判所(養育費請求調停)
	B登校状況、学校生活	①心配無し　②支援が必要		
	C健康状態	①心配無し　②支援が必要		
	D障がいの有無	①無し　②身体障害　③知的障害		
	E特別支援学級通学	①している　②していない		
	F関係機関の協力	①無し　②有り		
	Gアルバイトの状況	①している　②していない　③したい		
	H前夫からの養育費	①有り　②無し		
資産状況	A車輌	①無し　②保有中　③処分保留中　④処分指示		利用可能な制度・サービス等 CD　宅建協会(遊休資産取扱要領) 　　リバースモゲージ
	B生命保険	①無し　②保有中　③解約指示中		
	C土地	①無し　②保有中　③処分指示中		
	D家屋	①無し　②保有中　③処分指示中		
他法の状況	A身体障がい者手帳	①保有　②非該当　③該当　④要調査		利用可能な制度・サービス等 ABI　障がい福祉課・病院 C　障がい福祉課 DE　こども支援課 F　年金事務所・年金相談員・病院 G　年金事務所・年金相談員・病院 H　障がい福祉課
	B精神保健福祉手帳	①保有　②非該当　③該当　④要調査		
	C療育手帳	①保有　②非該当　③該当　④要調査		
	D児童扶養手当	①受給中　②手続中　③受給無し		
	Eこども手当	①受給中　②手続中　③受給無し		
	F老齢年金等	①受給中　②手続中　③要調査		
	G障がい年金	①受給中　②受給無し　③要調査		
	H特別児童扶養手当・児童福祉手当等	①受給中　②手続中　③受給無し		
	I自立支援医療	①保有　②非該当　③該当		
扶養義務者	A扶養義務者との交流	①している　②していない　③いない		利用可能な制度・サービス等 AC　成年後見制度活用プログラム
	B扶養義務者からの仕送り	①有り　②無し		
	C緊急連絡先	①有り　②無し		
病状・通院状況	A傷病	①有り　②無し		利用可能な制度・サービス等 BCD　介護保険サービス・病院 E　介護保険サービス・GH 　　成年後見制度活用プログラム・病院
	B定期通院	①有り　②無し		
	C服薬状況	①している　②していない　③服薬無し		
	D服薬管理	①心配無し　②援助が必要		
	E認知症	①有り　②無し　③疑い有り		
	F医療検討結果(稼働年齢層)	①就労可　②軽労可　③就労不可		
その他	A債務関係	①有り　②無し		利用可能な制度・サービス等 B　特別指導員
	B更生保護法関係	①有り　②無し		

第4章　生活福祉事務所の挑戦

援助方針

格付変更日	格付	H23年9月15日	B-1	担当者：
		年 月 日		担当者：
		年 月 日		担当者：

主幹	指導員

優先順位	認定年月日	分類-項目	中長期目標	援助方針	削除日
1	H23.9.15	生活-②	主の生活リズム改善を図り就労を目指す	・主は生活が不規則であり、就労前の段階として生活改善指導を行う。指導方法として、ボランティア参加やまじくる参加により生活リズムの改善を促していく。	・・
2	H23.9.15	求職-③	長男の就労による自立を目指す	・長男に就労指導を行う。指導方法として、現在知人の紹介による求職活動であるため、ハローワーク通所による求職活動を促していく。なお、就労が難しい場合は就労支援員による支援を検討する。	・・
					・・
					・・
					・・
					・・
					・・
					・・
					・・
					・・
					・・
					・・

2 生業扶助の効果

生業扶助を取り巻く情勢

2013（平成25）年11月の第15回社会保障審議会生活保護基準部会において、厚生労働省は資料『生業扶助及び一時扶助について』を提出しました。

そのなかで「生業扶助に関する意見」として、前年10月に会計検査院から受けた処置要求「生活保護における就労支援（生業扶助の支給）」があげられ、「技能修得費の支給後の状況等を十分に把握していないことから、被保護者が資格を取得するなどしたものの就労に至っていない等、支援が効果的なものとなっていない事態が見受けられること」が指摘されています。

当市は、2006（平成18）年度から生活保護自立支援プログラムを本格実施しており、これを契機としてケースワークそのものについても、従前の管理型から寄り添い型へと支援方法を見直しました。

このなかで、保護受給者の自立を助長する観点から、生業扶助を活用しながら資格取得を図るように積極的に取り組んでいます。

厚生労働省が会計検査院から受けた指摘の基礎となった生業扶助の支給状況については、当市のデータもその要素を構成していますが、費用対効果といった観点は考慮されていないので、当市における生業扶助支給による費用対効果の状況を調査しました。

なお、この調査は、2012（平成24）年度に生業扶助を支給した受給者のデータを基礎として集計しました。

生業扶助の支給状況

　表4は、当市の生業扶助の支給件数および支給額を示したものです。ここでは、生業扶助を「技能修得費」と「高校就学費」の2つに分類しました。技能修得費が占める割合は生業扶助の20%程度で、残りは高校就学費です。なお、件数はのべ件数です。

表4　支給した生業扶助の内訳

	件数	金額
技能修得費	805 件	30,875,148 円
高校就学費	17,946 件	103,635,638 円
計	18,751 件	134,510,786 円

　技能修得費の内訳は表5のとおりで、免許・資格取得費がほとんどを占めています。

　免許・資格取得費は、介護ヘルパーや医療事務などの資格取得のほか、自動車運転免許取得を目的として支給しています。

　釧路地域は1年の半分は冬季という山間へき地に該当し公共交通機関が不便なため、自家用車が「地域住民の足」となっています。求人票に要自動車運転免許と記載がなくても、就職活動には自動車運転免許が必須となっています。支給した免許・資格取得費212件のうち70件が自動車運転免許取得費であり、そのほとんどが内定した就職先で運転免許を必要とする高校生を対象としています。

　技能修得のための交通費については、他都市においては資格取得のための交通費として支給されている例が多いのですが、当市の場合はボランティア等の自立支援事業への参加にかかる交通費が中心です。

　また、就職が決定し、スーツや作業着、靴等を必要としている場合に

は就職支度費を支給しています。

表5　支給した技能修得費の内訳

	件数	金額
免許・資格取得費	212 件	26,616,837 円
就職支度費	79 件	2,065,631 円
技能修得（ボランティア参加等）のための交通費	514 件	2,192,680 円
計	805 件	30,875,148 円

生業扶助の効果

　次に、生業扶助の支給により就職、保護自立などにつながった効果額を次の2種類により算定しました（表6）。

　まず、技能修得費を支給し、資格取得後に仕事に就いた受給者の稼働収入額です。2012（平成24）年度に技能修得費を支給し、その後2014年3月までに就職（増収転職を含む）した受給者を対象とし、2013年度1年間の給与、報酬等の収入額を集計しました。

　その結果、稼働収入額は19,368,861円となります。

　次に、技能修得費を支給し、資格取得後に生活保護から自立したことにより削減された扶助費（生活保護費）の合計です。稼動収入額と同様に、2012年度に技能修得費を支給し、その後、2014（平成26）年3月までに自立した受給者を対象とし、2013年度1年間で削減された扶助費（生活保護を継続していた場合に支給していたと推定される額）を集計しました。

　その結果、扶助費削減額は79,907,982円となりました。資格取得により生活保護から自立した受給者数は149人にのぼりました（2013年度）。

　保護からの自立は資格取得による就職、増収の結果ですが、ここでい

う就職者の多くは自動車運転免許を取得した高校生です。運転免許取得により高校卒業と同時の就職が円滑に決まり、世帯から自立、または世帯ごと保護自立になっている事例が多いということです。

表6　技能修得費の支給により就職、保護自立等につながった効果額

	金額
技能修得費支給後に就職した受給者の稼働収入額	19,368,861 円
技能修得費支給後に生活保護から自立したことにより削減された扶助費	79,907,982 円
計	99,276,843 円

　費用対効果を検証するため支給した技能修得費を算定したところ、費用（技能修得費の支給額）を1としたとき、効果（技能修得費支給後に就職した受給者の稼働収入額と生活保護から自立したことにより削減された扶助費の合計額）が3.22という結果が算出されました（表7）。

　会計検査院は「（全国的に）技能修得費の支給後の状況等を十分に把握していないことから、被保護者が資格を取得するなどしたものの就労に至っていない等、支援が効果的なものとなっていない事態が見受けられる」と指摘していますが、当市においては費用対効果の観点から十分な効果が出ていることは明らかです。

表7　技能修得費支給に係る費用対効果

$$費用対効果 = \frac{稼働収入額 \ + \ 扶助費削減額}{技能修得費の支給額} = \frac{99{,}276{,}843 \ 円}{30{,}875{,}148 \ 円} = \boxed{3.22}$$

　また今回、2012（平成24）年度に技能修得費を支給し、資格取得後に生活保護から自立したのち、2014（平成26）年3月までに再度の生活保護受給に至った人数および割合についても集計しました。

前述のとおり自立した受給者 149 人であるのに対し、うち 12 人、約 8％が再度の保護受給に至りました。資格を身につけて自立した受給者のうち一定数が 1 年程度のうちに再度の保護受給に至っているという事実は、釧路地域の経済、雇用環境のきびしさの中、保護廃止後の定着対策等の課題も示しています。

　今回の調査で、資格取得は直接就労に結びつき、扶助費削減に効果があることが定量的に確認されました。また、私たちは日頃のケースワークを通じ、資格取得やボランティア等の自立支援事業への参加により、規則正しい生活を送り社会に参加する喜びにふれた受給者の姿を多く目にしてきました。

　当市では、個々の受給者の状態に合わせて、「日常生活自立」「社会生活自立」「就労自立」という 3 つの段階での支援を図っていますが、そのようなケースワークの中にあって、生業扶助はかけがえのない役割を果たしているものと考えられます。

事例　Ｙさんは40歳代。住み込みアルバイトを雇い止めとなり、生活保護受給に至りました。

　短期保護を希望していたＹさんですが、派遣雇用や季節雇用の経歴が長く、運転免許以外に特に資格ももっておらず、なかなか仕事を見つけることができませんでした。生活保護開始から 3 年を過ぎた頃からは精神的にも滅入りがちになり、ケースワーカーが家庭訪問すると寝起きで応対することが多くなりました。

　Ｙさんはケースワーカーの勧めにより、市民活動センターで募集のあったパソコン・簿記基礎講習を受講。技能修得費として通学のためのバス代、教材代の支給を受け、ワードとエクセルの資格を取得しました。

　講習に通い出してから、Ｙさんは少しずつ規則正しい生活リズムを取り戻し、ケー

スワーカーにも「いかに自分が社会から離れていたかを実感した。だらしない生活を改めるきっかけになった」と話すようになりました。ケースワーカーもＹさんの変化を感じ、資格取得後の就職活動を後押ししました。

　Ｙさんは資格取得から２か月足らずでパートの仕事に就くことができ、現在の収入では生活保護自立には至りませんが、ケースワーカーはＹさんが近いうちにさらなるステップアップを果たすものと期待をしています。

扶助費支給額への影響

　全国的にみても北海道の生活保護率は高く、主要都市部では全国平均を大きく上回っているのが現状です。釧路市では2006（平成18）年より高齢世帯を除く全世帯で自立支援プログラムを本格始動しましたが、道内主要都市の福祉事務所で、自立支援プログラムを実践しているところはけっして多くはありません。

　繰り返しになりますが、釧路市では、①日常生活自立、②社会生活自立、③就労自立の３つの自立観点から自立支援プログラムを実践しています。

　日常生活自立では、自身の身体や精神の健康回復・維持、また自らの健康・生活管理を行うなどの自立を目指します。社会的自立では社会とつながりを回復・維持するといった社会生活で自立すること、就労自立とは就労による経済的自立のことです。これら３つの自立は、上下関係ではなくフラットな関係としてとらえることが自立支援を考えるうえで最も重要なポイントです。

表8の扶助費の状況分析から見えてくることは、生活保護からの自立者を一気に増やすことは難しくとも、自立支援に取り組んだり就労にかかわる自家用車の保有と活用を図ったりといった、資格取得の促進などの環境改善を図るならば、扶助費の支給額を減らすことも、受給者と向き合いながら進められることも、容易に挑戦できることだといえます。

表8　　2012（平成24）年度　　扶助費の状況分析　（道内主要都市）

区分	市名	2013年度扶助費決算額 A（千円）	2013年度月平均保護世帯数	2013年度月平均保護人員	2013年度1人平均扶助費単価（月額／円）	扶助費単価差額（対釧路）（月額／円）	扶助費単価比較（対釧路）（倍）	当市の単価での扶助費試算額 B（千円）	当市の単価での扶助費削減効果 A－B（千円）	各市の単価による当市の扶助費の試算額（千円）	差額（千円）
1-2	札幌市	129,310,147	52,133	74,117	145,390	23,162	1.19	108,709,908	20,600,239	17,190,292	2,738,564
2-1	旭川市	21,628,919	9,931	13,702	131,544	9,316	1.08	20,097,186	1,531,733	15,553,185	1,101,457
2-1	函館市	21,661,988	9,523	13,001	138,848	16,620	1.14	19,069,006	2,592,982	16,416,858	1,965,130
2-1	釧路市	14,451,728	6,637	9,853	122,228	－	1.00	－	－	－	－
2-1	苫小牧市	9,525,953	4,127	5,857	135,535	13,307	1.11	8,590,660	935,293	16,025,135	1,573,407
2-1	帯広市	8,541,805	3,857	5,338	133,349	11,121	1.09	7,829,425	712,380	15,766,655	1,314,927
2-1	小樽市	8,640,321	3,847	5,375	133,958	11,731	1.10	7,883,694	756,627	15,838,713	1,386,985
2-1	室蘭市	6,323,240	2,629	3,717	141,764	19,536	1.16	5,451,849	871,391	16,761,604	2,309,876

※ 決算額、保護世帯数及び保護人員は、釧路市が試算のため各市統計書より引用

3　SROI評価（社会的投資損益率）

❶事業評価の必要性

　自立支援プログラムの参加者に、「元気になった」「明るくなった」と一定のよい変化が見られ、私たちもその効果を実感しているにもかかわらず、それを定性的にしか評価することができずにいました。そこで、釧路市では2011（平成23）年度から自立支援プログラムを定量的に評価するため、社会的事業に関する評価手法の一つであるSROI（Social Return on Investment）に注目し、定量的評価を開始しました。

❷ SROI とは

　SROI とはどのようなものでしょうか。SROI は 1997 年から 1999 年にアメリカの REDF 財団によって開発された事業評価法の一つです。その後、ヨーロッパで研究や運用され、日本にも導入されました。現在のところ日本国内の報告例は少ないが、注目を集めてる評価法です。

　SROI は費用便益分析の一つで、費用と便益を比較します。SROI は次の計算式で算出します。

> SROI＝事業によって創出した貨幣価値換算化された社会的価値 (円)÷投入費用 (円)

　SROI においての便益とは、ある事業によって生じた「社会的価値」を数値化（貨幣価値換算化）したものとなり、これにより効率性や有効性を定量的に分析できます。SROI = 4.00 の場合は、投資 1 に対し 4 倍の社会的価値を生んだことを示します。

　自立支援プログラムに参加して、「元気になった」「明るくなった」などの今まで定性的にしか評価できなかったものが、SROI を用いることにより貨幣価値換算化し、定量的に評価できることとなります。

❸ 算定結果

　SROI は 6 つの段階を経て算定します。

①評価の対象とする事業の範囲と事業に関係する人々（ステークホルダー）を特定します。

　まず、SROI を用いて評価する事業の範囲を決定します。当市では 2012（平成24）年度に行われた自立支援プログラムの19の事業を SROI 評価の対象としました。

ここでは、公園管理ボランティアを例にあげて説明を行います。公園管理ボランティアのステークホルダーは自立支援プログラム参加者（以下参加者）、釧路市、そして自立支援プログラムを委託している委託事業者の三者となります。

②事業に投じた費用（インプット）や、事業によって生じた変化や成果（アウトカム）を整理します。続いて、事業に投じた費用の整理です。委託費、参加者の交通費等実際にかかった費用を整理します。インプットについては表9のとおりになります。

表9　評価対象の投入費用表

事業に関係する人々 （ステークホルダー）	投入した費用の内容	投入した費用
自立支援プログラム参加者	―	0円
釧路市	委託費	924,000円
	自立生活支援員の人件費や 自立支援業務に関わる超過勤務代（按分）	1,016,067円
	自立支援通信発行にかかる費用や 自立支援プログラム参加にかかる交通費等	172,482円
委託事業者	委託事業に関わるスタッフの人件費	（726,000円） ※委託費に含まれる
	直接経費や間接経費等	（14,550円） ※委託費に含まれる
合計		2,112,549円

次に、アウトカムを整理することとなります。公園管理ボランティアの作業の様子を見学し、参加者数人から公園ボランティアに参加して生じた変化について聞き取りを行い、アウトカムを抽出しました。また、同様に公園管理ボランティアの委託事業者や自立生活支援員にも聞き取りを行いました。

③アウトカムを裏づけ、社会的な価値評価（金額）を与えます。

　次にアウトカムが本当に生じたかどうか裏づけを行います。聞き取りを行い、抽出したアウトカムを何人の参加者が感じており、どの程度プログラムによるものかなどを調査するためのアンケートを作成。その後、参加者全員にアンケートを実施した。アンケートは郵送し、ケースワーカーが訪問して回収します。回収率は94.0％であり、アンケートの結果を基に、生じたアウトカムの整理、変化が生じた人数等の整理を行います。

　その後、SROIの肝となるアウトカムの貨幣価値換算を行います。一例をあげると、アンケートの結果、参加者数人から「体力がついた」と報告があり、体力がついたということを、スポーツジムに行っていることと同等の効果とみなす。釧路市内の代表的なスポーツジムは湿原の風アリーナ釧路（利用料金は1回300円）であり、1回のプログラム参加でスポーツジムを1回利用したことと同様と考える。アンケートの結果参加者計51人のうち17人が「体力がついた」と回答しており、参加者の年間平均参加回数は14.1日であるため、300円×14.1日×17人＝71,910円となります。

④アウトカムのうち、純粋に事業によるものといえる部分（インパクト）を確定します。

　この段階では、純粋に事業によるものといえる部分を考慮します。事業を行わなくてもアウトカムが起こりえた可能性や他者の貢献分を考慮し、先ほどの結果から割り引かなくてはなりません。受給者に対して行ったアンケートの結果、ボランティアに参加して、「体力がついた」という結果について、純粋にアンケート結果の中で自立支援プログラムによるものと感じる割合が47%（残りの53%はボランティア以外の活動のおかげであるとのことであるため、53%をカットする）であったことから、71,910円×0.47≒33,798円が社会的価値（インパクト）となります。

⑤SROIを算出する

　ほかの変化についても同じように整理し、算出したインパクトの合計とインプットを比較します。その結果、公園管理ボランティアの社会的価値は以下のとおりとなります。

$$SROI = 3,352,477円 \div 2,112,549円 \fallingdotseq 1.59$$

　このように、公園管理ボランティアは費用に対して1.59倍の社会的価値を生み出しているという結果となりました。同様に、2012（平成24）年度に行われた19種類の自立支援プログラムの算定を行ったところ、自立支援プログラム全体でのSROIは1.88という結果となりました。自立支援プログラムは、費用に対して2倍近くの効果があるということになります。これは、あくまでも社会的価値を便宜上金額化したものであるため、単純に経済効果を示すものではありません。

表 10　評価対象の貨幣換算表

事業に関係する人々(ステークホルダー)	活動の内容	どのような変化（成果）があったか	貨幣価値換算化された社会的価値（円）
自立支援プログラム参加者	2012 年 6 月から 11 月まで計 51 人が「市内の公園の花壇の除草や公園のゴミ拾い等」のボランティアを行った	公園清掃等のボランティアを行うことにより就労意欲が増し生産活動にかかわることが出きた	512,332 円
		ボランティアへの参加を継続することによって求職活動を意欲的に行うようになった	117,894 円
		ボランティアへの参加を継続することによって生活リズムが整う等日常生活自立につながる行動や意識の変化がおきた	481,586 円
		ボランティアへの参加を継続することにより体力がついた	33,798 円
		ボランティアへの参加を継続し仲間ができたことにより社会生活自立につながる行動や意識の変化が生じた	100,281 円
釧路市	ケースワーク業務　委託先や受給者との連絡調整	ボランティアに参加した生活保護受給者が就労することにより生活保護費が削減された	86,288 円
	自立支援プログラムに関する調査や対外的な報告	釧路市で行われている自立支援プログラムのブランドイメージが向上した	2,020,298 円
委託事業者	2012 年 6 月から 11 月まで計 51 人を「市内の公園の花壇の除草や公園のゴミ拾い等」のボランティアを行わせ、市役所や参加者との連絡調整及び参加状況等の報告を行った	―	―
合計			3,352,477 円

⑥ステークホルダーへの結果の報告や算定結果の活用

　　SROIの最後のプロセスが、算定結果をステークホルダーと共有することです。他の評価手法と異なり、情報共有することまでがSROIの一連の流れとなるのです。ステークホルダーと情報共有し、事業のよい点や問題点を確認することにより事業改善に役立てることができます。私たちも、上記の結果を自立支援プログラム参加者や委託事業所の職員に報告を行い、情報を共有しました。

　　そのなかで、数点の改善点や反省点が見受けられました。

●「ボランティアへの参加を継続することによって、求職活動を意欲的に行うようになった」や「ボランティアに参加した生活保護受給者が

就労することにより生活保護費が削減された」という就労に関する
インパクトが低くなっています。今般有効求人倍率が上昇してきており、就労のチャンスが広がってきていると考えられることから、ボランティア参加から就労へと移行するシステムの構築を積極的に行う必要があると感じられました。

● ボランティア活動は「地域貢献」にも一役買っていると考えられます。実際、公園管理ボランティアは公園の雑草除去やゴミ拾いなどを行っています。釧路市民が利用する公園がきれいになっているということは、ボランティアの活動内容が地域貢献をしていることは明らかです。今後の算定にあたり考慮する必要があります。

わからないことの連続でしたが、SROI を用いて評価をしてよかったと感じています。第一に「参加している生活保護受給者や事業者との距離が近くなった」と感じられることであります。SROI はステークホルダーを巻き込んで行う評価手法であるため、参加している受給者や事業所の方といろいろな話をします。もちろん今まで話をしたことがない人とも話をすることとなるため、一種のコミュニケーションの構築に役立っています。

第二に算定結果の情報共有により、サービスを提供するものとサービスを受けるものが問題解決に向けて足並みを揃えることとなり、サービスを受けるものが問題意識をもって参加することが可能になります。そのため事業をよりよいものにしやすくなるのです。

第三に、従前は生活保護からの自立というのは生活保護廃止だけが成果ととらえられていたが、現在は「日常生活自立」「社会生活自立」「就労自立」といった３つの自立の概念から構築されています。「日常生活

自立」「社会生活自立」については、数値で成果を表すのが難しかった
が、SROI を用いることによりそれらを「見える化」することができま
した。この手法は、さまざまな分野において活用できる可能性を秘めて
おり、国内において SROI が発展していくことを切に願うものです。

4　今後の自立支援対策

出口の課題

　「お金をもらえる仕事をして保護から抜け出したい」「保護費を減ら
したい」「働きたいけど今は自信がない」「働きたいが今は無理だと思
う」「働くのは無理だが人の役に立ちたい」「社会や人とかかわることが
辛い」など、受給者のニーズはさまざまです。ニーズの多様性に則した
プログラムメニューの豊富化が必要です。本人が気軽に参加できるよう
な工夫（体験会や見学会）などが求められます。当事者に働く意欲や
「保護から抜け出したい」という思いがあっても、ボランティアから一
般就労に移行することは容易ではありません。必要に応じた働き方を選
択できるようにすることが必要になります。

　また、受給者を交えてプログラムの効果や自身の変化するモニタリン
グ・アセスメントの機会を提供することは、次のステップへの移行や新
たな課題設定を当事者に促すという点で重要です。さらにプログラム参
加時点で、困ったことや相談したいことがあった場合のフォロー体制が
最も必要であると思われます。自立生活支援員やケースワーカーがその
役割を担うこともありますが、長期的にはプログラム参加者による相互
支援体制が構築されることが望ましいと思います。自然発生的な交流を

ベースとしながらも、プログラム参加者がプログラムの現状や今後の進め方について、あるいは日常的に感じている不満や要望などについて、交流・意見交換を行う場やその機会を設ける必要があります。

　プログラムへの参加・継続についても、生活福祉事務所スタッフやケースワーカーが連絡を入れる形で対応するのではなく、プログラム参加者が、お互いに連絡を取り合うような関係性をつくり、ピア的グループ（参加者が、お互いにプログラムへの参加・継続を支え合うような形で日常生活を含めての立て直しを図る）と役割を担う関係をつくっていくことが最も望ましいと思います。今後、生活保護受給者だけでなく生活困窮者をも対象に新たな生活支援のプログラムが求められています。

受け入れ事業所に関して

　プログラムに対する事業所の理解は、一定程度進んでいると確信しているところですが、今後、受け入れ先・受け入れ人数などをさらに広げていくためには、予算や人員の確保が必要になります。自立支援プログラムに参加する事業所は、福祉や医療関係の事業所が多いのですが、プログラム内容の豊富化のためには、一般企業の参加協力も不可欠です。

　就労に結びつくボランティアや内職的事業、さらにはインターンシップやトライアル雇用のメニューなどの提供が可能になるように、受け入れ事業所をさらに拡大していく必要性があります。同時に対人関係でさまざまな問題を抱えている受給者が、参加しやすいメニューの拡充も求められます。また、釧路市特有の雪かきなど冬季に徒歩圏内で実施可能なボランティア活動のメニューの豊富化も必要です。

　また、自立支援プログラムに欠かせない支援現場である事業所を取りまとめ、日常的な情報交流や意見交換等を行ってバックアップしなが

ら、事業メニューを拡大、モニタリングするような中間支援機関が求められます。その実現を図るための議論、検討の場も必要です。また、ボランティアに留まらず中間就労につながるようなプログラムの提供や参加のための送迎や託児所の整備など、受給者の日常生活を支える支援を含んだ、より発展的な事業の展開が望まれます。

他の地域・自治体との交流、市民への発信

自立支援プログラムについては、検討、評価していく機会を継続しなければならないと思います。さらに、市民との協働が推進されるような発展的な取り組みになるように、広報・啓発・発信事業の強化が求められます。

各地域・自治体で取り組んでいる事業について、釧路市を舞台とした交流企画を継続的に行うことも必要ではないでしょうか。このような発信はさまざまな人たちを惹きつけることになり、全国の人たちとの交流や情報交換の場となり、率直な現状の報告などから新たな視座を得ることが期待されます。さらに、交流企画への参加をさまざまな形で市民に呼びかけていくことで、受給者のありのままの姿に出会い、自立支援プログラム事業の全体像を知ることもできます。その結果、生活保護に対する偏見の解消や受給者への認識もまた変わっていくものと考えられます。このような場を通じて、一人ひとりの市民が感じている地域づくりと関連したさまざまなニーズを発信・交流できることができれば、それが多様な市民活動の活性化になりうると確信しています。

第5章

困窮者相談の現状

1　座談会・自立支援プログラムの10年を振り返る

最後に、日々受給者と向き合っているケースワーカー、就労支援員、自立生活支援員が集って、自立支援プログラムの 10 年を振り返ってみました。実際の使い勝手はどうか、ボランティア体験をとおしての受給者の変化やボランティア委託先の事業者の変化、さらにはケースワーカーや生活福祉事務所全体の変化はどういうものだったのかなど、率直な意見を聞いてみました。

◆発言者

佐藤　茂（生活支援主幹・司会）

都嶋和英（査察指導員）

釼谷忠範（主　査）

川島千義（就労支援員）

小林万理（自立生活支援員）

● 「自立支援プログラム」の参加者や就労数が増加した

佐藤 はじめに就労支援員の川島さんから2013（平成25）年度と2014（平成26）年度の参加人数を教えていただけますか。

川島 25年度の実際の相談人数が272人、そのうち就労を開始した人が194人です。26年度の相談人数が377人、そのうち就労開始が294人となっています。

これだけの数字が上がったことの理由ですが、一つめに厚生労働省からの巡回相談が2013年6月からスタートしたことがあります。そして自立促進講習が2013年と2014年にあり、これに参加した人が毎回15人ぐらい。就労して自立していった人も何人かいます。もう一つはハローワークの取り組みです。児童扶養手当をもらっている人の巡回相談を去年から始めました。巡回窓口に来たあとのフォローがあって、全体的に数字が積み重なっていったと思います。

佐藤 最初のころの面接での受給者の印象はどうでしたか。

川島 初対面ということもあって、なかなか本心を言わないというのが実状だったと思います。そのなかで不安なこと、心配なこと、そのあたりから入っていって本人の意欲やモチベーションを上げていく、というように私自身は面談をしています。その結果、一回も働いたことのない人が自分で働く場所を見つけて働いたとか、引きこもりの人たちが、何回も面談しつつハローワークに通うなかで変化し、就労に結びついて自立した人もいます。

釟谷 ケースワーカーとしてはまず就労がしっかりできるかとか、きちんとハローワークに行くかとかいうことに気を配ります。それが大前提だと思います。というのも、それができないと就労支援員につないだ時

やハローワークに迷惑をかけます。

佐藤　自立生活支援員の小林さんに先につな いでから、ワンステップおいて就労支援員の川 島さんにつなぐということになるのですか？

釼谷　そうです。ボランティアで日常生活が整 えられ、社会に出て他の人に迷惑をかけない とか、自分らしさをきちんとアピールできて 求職活動をする準備ができたところで、次は 就労支援員へという流れができています。

佐藤　茂

佐藤　となると、最初に出会う自立生活支援員はすごくたいへんなので しょうか？

小林　まず体験、見学をしてもらって本人ができるか、やりたいかを確 認します。そこでできるとなったら、本人も一生懸命に中に入る努力を します。ほとんどの人がそれができていました。一方で、どこを見ても 決められない、自信がないという人の場合は、私自身どう勧めたらいい のか困ったことはあります。そういうときは、「こういうのがありま す」とちょっとだけ説明して、そのあと本人がここに行ってみたいと決 めることが多かったですね。

佐藤　ケースワーカーとしては勧めるときに、何を基準にするのですか？

釼谷　まずは、本人がやりたいものを選んでもらいます。やる気がなけ れば続かないと思いますし、こちらから無理に「これをやってくださ い」というのも自立支援プログラムの考え方とは違います。基本的には 本人の意思を尊重しています。

●ボランティアや仕事をするようになると どんどん変わっていく

佐藤 次に、受給者の変化について教えてください。

川島 事務所で会ったときには必ず「元気でいますか」とか「仕事の調子はどうですか」と声をかけますが、そういうときに感じるのは、生きいきとしているということです。最初に会ったときと全然イメージが違います。

小林 顔つきの変化はもちろんですが、身だしなみの点でも、人前に出るときに清潔にするようになるし、見た目をきれいにしたいと思うようになる。「人と交わるのが苦手だった」と言いながらも、だんだん人と親しくなって「楽しみだ」とうれしそうな顔になってくる。後から来る人たちに教える楽しみや責任感みたいなものが次第に出てきて、とても変わったという人がたくさんいました。

川島 そういう人たちは、働いていない期間が10年も20年もある人に比べると、面接したときにスムーズに話が進んでいきます。当然モチベーションも上がっていますから、早く就労に結びつくだろうと思います。

佐藤 生活保護を担っている福祉事務所の感覚も大きく変わってきたのでしょうか。

都嶋 ケースワーカーも通常のケースワークの仕事に幅ができて、就労一辺倒ではないということが浸透してきました。受給者に提供できる情報が多くなり、その人に何が可能なのかといった考えがもてます。就労自立、経済的な自立だけに着目するのでなく、ボランティアをやって自分の生活を改善していくという選択肢もあるということがわかってきました。

●参加者はどんなことで困っているか

佐藤 小林さんは、担当者（ケースワーカー）が理解してくれないという話をよく聞くようですね。

小林 個人的な相談はあまりありませんが、うまくいっていないといった話はあります。参加者も個人的なことを自立生活支援員に言っていいのだろうかと思っているのではないでしょうか。ボランティア活動の悩みぐらいしか相談は受けませんでした。

小林　万理

　ケースワーカーに対しては、「あの人、いつも怖い」「上からものを言って怖い」とかですね。ワーカーのことは共通の話題でもあるので、その類の愚痴っぽい話はよくされました。いい話はケースワーカーにしますが、悪い話は聞き流して「そうだね、来年変わるかもしれないから頑張ろう」というように答えます。

川島 足が痛い、腰が痛いなどの話は結構あります。そこは事実として受け止めて、「そういう状況でも阻害要因はないから次にステップアップしようね」と話をしています。

釼谷 受給者を参加はさせたもののボランティアに染まり過ぎてしまったということがあります。ボランティアをステップアップの就労支援につなげたいと考えて勧めたのに、居心地がよくなってしまって、「次、仕事を探してみませんか」という話をしても、まだボランティアでいいという状況が続いている人もいました。その背景には、自信がまだもてないということも考えられますが、それがゴールになってしまっている人もなかにはいることです。

●反応のない人に対してはどうするか？

佐藤　これから生活福祉事務所でこんな試みがあればと考えていることはありますか？

川島　引きこもりの人たちに対してモチベーションをアップするための講習会、そういうものを始めたいですね。自立促進講習は2014年度で終了したので、そこからもう一度自分を見つめ直す講座もあればいい。それと合わせてボランティアのシステム、それから職業体験のシステムが構築されるといいですね。

佐藤　何もしていない人を講習会などに参加してもらうとき、どう誘っていますか。

釼谷　就労や社会に参加してもらうことの必要性をいくら説明しても、まったく動かない人は本当に困ります。そういう人への対応が一番つらいです。

川島　若い人の場合は悩みます。話す人と話さない人と両極端です。話さない人に対しては、どうやって支援したらいいのか迷います。

●参加者の選択肢をどう増やしていくか

佐藤　プログラムの選択肢についてはいかがですか。今後も増やしていくかどうかは毎年考えられていると思います。状況的にどういう方向性でとらえていますか。

都嶋　ボランティアに関しては、毎年少しずつでも増やそうという考えで動いています。今は既存の病院や介護事業所が一番多い。それ以外の新たな業種のボランティアでも、就労に結びつくものを目指していま

す。ボランティアの話があれば、それが求人に結びつく可能性がないかどうか探るという流れです。

小林　「お金がもらえるものはないのか」とはっきり言う受給者もなかにはいるので、そのような場合は、ボランティアの域をちょっと超えるインターンシップの話をします。しかし、時間の制限や体力的にも健康でないと難しいという側面もある。本人も「実際に出てみると意外にたいへんだった」と言ったり、実際やってみて「このくらいなら働いたほうがいい」という人もいました。これだったらできるという自信につながるかもしれません。

佐藤　生活福祉事務所としてもそこは将来の課題ですね。リーマンショック以降、釧路市は特に基幹産業がだめになり、今はボランティアでないとだめだと思いますが、将来的に活性化されてきたときにはインターンシップなのか契約社員なのかはわからないけれども、そこは拡大と考えるのですか。

都嶋　たとえば、町なかにある普通の公園を近所の人が出てきて清掃した、これはボランティアです。清掃したことで収益はないので、その域を超えることはない。ただ、他の事業所や清掃会社でのボランティアの場合、将来的に会社自体が管理者をつけることで費用をかけた部分に収益分配される方向にもっていければいい。しかし、まだそこまでに至っていないのだと思っています。

佐藤　今自立支援担当で事業所巡りもやっていますが、将来的にもっと開拓していくという意識をもっているのですか。

都嶋　そうですね。ボランティアとして入ってしまうと支援の対象となる。それと、あくまでも就労、仕事をする人を求めるという2本立てでいくという形です。本来はインターンシップの最初のようにボランティ

アから賃金が発生してパートやアルバイト、職員になっていくのが理想的な形ですが、そればかりだと人員が事業所などの経営規模によって限られてしまいます。

●10年やってきて事業者サイドの変化は？

佐藤　最初は、委託金がもらえるので参加するという事業者もいたと思いますが、参加者がこれだけ多くなってきた現在の事業者の変化はありますか。

小林　「わたすげ」ではボランティアをしながら、介護職員初任者研修の勉強をさせてもらうこともできます。事業者は、ボランティアを経て働いてくれる人が出てくればいいという見方をして協力してくれています。「緑化協会」では冬の短い期間のインターンシップでしたが、ボランティアの中から臨時職員の雇用もありました。

釧谷　実際にある事業所を開拓したときの話ですが、「大丈夫？　生活保護を受けている人って」と聞かれたという話はありました。「何か困ったことがあったら何でも相談に乗ります」と話し、実際に受け入れてもらって半年ぐらい経ったときに、「働きの状況はどうですか？」と尋ねると「すごく働いてくれますね。イメージと全然違いました」という声は数か所から聞きました。

●生活福祉事務所サイドは変わっているか？

佐藤　たぶん、生活保護を受けている人に対しての昔ながらのイメージから抜けきれないのだと思います。でも、釧路市は自立支援を始めて10

年経ち、いろんな事業者とふれ合ってきました。今度は逆にケースワーカーが根本からそのイメージを変えられるかどうかにかかっています。多分、今120人ぐらいの職員がいると思いますが、生活福祉事務所内の変化についてはどうでしょうか。

釼谷　昔は福祉事務所のイメージは暗いとか閉鎖的ということがありましたが、今はわりと開放的です。いろんな人が訪れていろんな話が出ていますし、職員も明るくなったのではないかという気はします。

都嶋　昔は年配の職員が多かったこともあり、なんとなく近寄り難いイメージはありました。今は新卒や異動でいろんな部署から来るようになったし、生活福祉事務所の仕事も内外で理解されるようになってきたと感じます。自立支援プログラムなど、いろんなツールを活用することによって仕事自体も楽になった。問題は以前よりも増えているかもしれないけれども、それに対してのツールも増えている。何かがあったときには一致団結してものごとにかかれるので、なかなか居心地のいい職場だなと思います。

釼谷　他の部署や他機関と連携ができている。ここまで外部の人と連携する部署はなかなかないのではないでしょうか。オープンにならないとそもそも連携はできません。

　解決できない課題も少なくなってきているのではないかと思っています。これはどうしようもないという問題はあまりない。必ずどこか一定のゴールには着地します。

佐藤　その変化はすごいですね。かつては保護を受けてしまうと解決ができない、だから受給者に対しても静かにしていてほしいとい

都嶋　和英

うようなことがあったのではないかと思います。でも今は、受給者本人が率先して表に出る、ケースワーカーが表に出る。そうすると、意外と変化が起きていろいろなことができるようになってきました。

●ボランティアという位置づけの効果

川島　就労支援は自分一人の力では到底できませんので、ケースワーカー、ハローワークなどいろいろな方の協力がなければ、数字は上がっていきません。私自身は日頃からケースワーカーといろんな話をしたり、ハローワークの状況を逐一確認しながらケースワーカーにフィードバックしています。相談者がハローワークに行かなかった場合は再度呼んで、「どうしたの？」と面接しながらやっています。自立支援プログラムについては、ボランティアなどを経験し社会参加をしてモチベーションも上がり、次は就労ということでケースワーカーから私のところにきます。このルートで就労に結びついている人もたくさんいます。

小林　自立支援として、そのなかにボランティアを位置づけたことはすごいとつくづく思います。このプログラムがなければ、一足飛びに同行支援とかしか思いつかない。つまり、自立イコール就職となってしまいます。

釼谷　受給者に「求職活動をしてね」と言うと、まかせっきりになってしまう。どうやったら効果が上がるかと考えたときに、ケースワーカーが一緒にハローワークへ行くと、数字は必然的に上がるかもしれない。このケースワーカーがついていくという寄り添いの代わりが、自立支援プログラムではないかと思います。自立支援プログラムは誰かが寄り添ってくれることにつながるので、支援を行うにあたっては欠かせないものではないかと思います。

●1対1の関係から多面的な関係に

佐藤　ケースワーカーにとって、自立支援プログラムに参加している人のアセスメントはどうでしょうか。

釼谷　反応がないような人も、プログラムに参加してもらえば道筋が決まるので、援助方針は立てやすいですし、アセスメントもしやすい。

都嶋　ケースワーカーにとっては、アセスメントに従って求職やボランティアなどの方向を決められます。一方、受給者にとっては、何かやらなければならない、求職活動をしなければならないという関係になってしまう。そこにワンクッション就労支援員が入ることで、ケースワーカー以外の人とも関係ができる。「仕事を探せとケースワーカーから言われたから来た」という受給者も、川島さんのような立場の違った人から、「どうして来たのか、あなたはどうなりたいのか、何をしたいのか、したくないのはどうしてなのか」というふうに展開していくことによって、自分から選択ができるようになる場合もある。もう一つの関係が生まれることによって、受給者自身がいろんな道を選べるようになると思っています。

川島　それはハローワークも同じです。ケースワーカーから「求職活動をしなさい、ハローワークに行って相談しなさい」と言われたのでとしぶしぶ行きます。ハローワークで「今日はどうして来たの？」と聞かれたら、「ケースワーカーさんから言われて来ました」というのは何回も聞いています。ケースワーカーに「一度、就労支援に上げて相談しましょう」とワンクッションおいて、ハローワークにつなげる。そうすることで受給者は不安感を取り除かれ、安心できるかもしれないですね。

都嶋 ハローワークに行ったら仕事を探さなければならない、仕事を探したら自立しなければならない、そういうイメージになっている。「いや、違うんだよ。就労支援員といろんなことを話すだけでもいいんだよ。そこからスタートするかい？」と言ったほうが、本人としては気持ちも楽です。

川島　千義

川島 本人も働きたいと思い、ケースワーカーからも「ハローワークに行きなさい」と言われても、一人ではなかなか足が向かないというのが現状です。そこで巡回相談なり支援に上げて、ハローワークに同行することで少しずつステップアップしていくのだろうと思います。

●人間関係が近くなる

佐藤 自立支援プログラムをつくって一番変わったと思うのは、受給者一人に対してケースワーカーが一人という1対1の関係から、一人の受給者に数人がかかわるようになったことです。これからも就労支援員経由でハローワークへ行って、仕事に就いて自立していくという人たちも増えていくでしょう。

小林 ボランティアに参加している人たちは、ケースワーカーには相談できなかったことも周りの仲間にはできる。「私の場合はこうだけれども、お宅はどう？」と共通の話題が増えたと多くの人が言っています。さらに、今まではケースワーカーが来てもしゃべることがなくて困ったけれど、ボランティアでの話題がケースワーカーと近づくきっかけに

なったと言う人もいました。

釼谷 たしかにワーカー側からも、ボランティアに参加している人と雑談をすることが多くなったと感じます。雑談ができるということは、どんどん距離が近くなっているのかなと思います。

小林 おそらく参加していない人たちにとっては、ケースワーカーとしかやりとりがなくて、この人は怖いという一面しか見えない。それがそこだけではなくなると見方がすごく広がっていきます。

佐藤 生活保護を受けることによって閉ざされていた気持ちが、いろんな人としゃべることで開いていく。頑なだった受給者がボランティアに参加した瞬間から、いいおじちゃんになったという例もありますね。

　また、これまでは自立したら「もう来なくていい」というのが当たり前でしたが、「何か困ったらまたおいで」と、その言葉もだいぶ違ってきました。自立支援プログラムに参加しなくなっても、生活福祉事務所は話を聞いてくれるということを、彼らもわかってきていると思います。

釼谷 仕事が決まって生活保護が廃止になったあとに、電話がかかってきて「仕事場でこういうことがありました。話を聞いてくれてありがとう。じゃあね」ということもあります。生活保護を受けている人は何かにつまずいたという現状があるので、自立支援プログラムによって自信を取り戻し、さらに先に進んでいくことができるようになるのだと思います。

釼谷　忠範

●これからの生活福祉事務所、生活保護に対しての課題

釼谷 一方で市民が生活保護に対してどんなふうに考えているのか、昔より苦情は少なくなっているのですか？ 以前は、車に乗っているとかパチンコをやっているとかいう電話が市民から頻繁にかかってきたけれども、最近は少なくなったという話も聞きます。

都嶋 そんなに苦情電話はありません。逆に地方からの問い合わせで、報道や新聞を見たが、自分も釧路市でそのプログラムを受けながら保護を受けられないかとか、この自立支援プログラムの法的根拠はとかいった問い合わせが月1回くらいできます。

佐藤 生活困窮者自立支援法が施行され、全国でこういったプログラムの展開が進むでしょう。釧路市の生活福祉事務所としては自立支援プログラムの拡大をしていくという考え方でしょうか。

都嶋 そうですね。これからも困窮者支援とあわせて、釧路市全体でこういった試みをやっていることを対外的にもっと周知していきたいと思います。

●今後取り組んでいきたいこと

佐藤 最後になりますが、ケースワーカー、自立支援員、就労支援員という立場で今後取り組んでいきたいことや力を入れたいことがあればお願いします。

釼谷 受給者は個々の課題が多いので、ワーカーとしては自立支援プログラムを活用してもっとミクロな部分まで支援方法を増やしたい。7担当としての目標は、ケースワーカーや受給者が活用しやすいプログラム

を拡大していくのも一つだと考えています。

　市民にとって、生活保護は税金を使うというイメージがあるので、あまりいい印象をもっていないでしょうが、公園ボランティアに参加している受給者が公園をきれいにしています。市民はきれいになった公園を当たり前に使っているのに、受給者に対してのバッシングが未だあるというズレが生じている気がします。3月から4月にかけて美原の大規模運動公園で受給者が一生懸命シカのフンをとってくれたので、夏になると子どもがいっぱい遊べるようになるんです。でも、釧路市民でそれを知っている人はごく少数だと思います。これをもっと市民が知っていば生活保護は理解されるでしょうし、支援方法もそれに伴って増えてくるのではないでしょうか。自立支援プログラムをさらに周知させていければと考えています。

小林　市民への周知がなされれば、参加している人にも励みになるはずです。公園にかぎらず、動物園のごみの処理なども知らない市民がほとんどだと思います。それはお金や感謝とはまた違って、すごく励みになると感じます。

川島　相談した人全員が就職して自立してくれることが最終目的ですが、それは難しいと思いますので、ケースワーカーも交えて受給者が一歩前に踏み出していけるような相談の仕方、あるいはいろんな職業の紹介の仕方、そのあたりを工夫していきたいと思います。

　さきほど出ましたが、ボランティアはやりたくない、お金がほしいという人たちに対して、たとえば今の無料職業紹介も含めて、フルタイムでなくても2時間ないし3時間の仕事を企業からもらえたら、もっと活用できるのではないか。面談しているなかでそういうことも感じました。

佐藤　受給者も困窮者も対価を求めていることには違いはないでしょ

う。生活福祉事務所で無料職業紹介をとって、それに向けて活動してきたのは間違いではなかったと思います。

　釧路市の自立支援がうまくいったのは、ケースワーカーも含めて一人にしないということがありました。みんなで考えましょうという試み、仕組みづくりの成果といえるのではないでしょうか。今後、生活保護という方策をどううまく活かしていくかです。自立支援プログラムとともに釧路市がそれに取り組んでいければ、生活保護は受けているけれども自立している人たちが多くなり、平和なまちづくりにつながっていく、そんな方向を目指したいものです。

2 官民協働で新しい地域資源をつくる
（一社）釧路社会的企業創造協議会の設立

　自立支援を進めるにあたって「ボランティアできるのだから働けるのでは？」という地域からの指摘にどう応えるかが課題の一つでした。「働くこと・仕事を起こすこと・できれば賃金もついてくる」ステップはプログラムとして必要でしたが、福祉事務所が単独で担うのは限界があります。仕事起こしをミッションに2012（平成24）年、釧路市との協議を経て、官民協働型の一般社団法人釧路社会的企業創造協議会が設立されました。自立支援が生んだ「貧困・困窮」にかかわるはじめての民間パートナーといえます。第二次ワーキング・グループ報告には「人・情報・サービスの結節点＝ハブの創出」が謳われていますがこれがその第一歩ともいえます。

中間的就労の自立論から生まれた整網作業

　協議会では20人ぐらいのボランティアリーダーに集まってもらい、仕事起こしのアイデアを募る懇談会を開催し、そのなかで漁網の仕立て（整網）作業が生まれました。漁網の仕立ては、高齢化し担い手不足の分野であることや、手仕事であったり技術習得と報酬が比例するなど仕事起しに合っていました。10人前後の方が参加し、2年目には月1万5千円〜2万5千円くらいの収入を得る取り組みになり、国の生活困窮者自立支援の就労支援の事例にも取り上げられました。参加者からは「自分で稼いだお金は気が楽だ」などの声があがりました。

　このような仕事が生まれたのは図16のように釧路市の自立支援を分

析し、「中間的就労自立がある」という仮説をもったことで「地域の困りごとを仕事化」できた好事例です。今後は、釧路市の無料職業紹介所を機能させながら、生活保護世帯に留まらず、生活困窮者や障がい者、高齢者などの一般就労は難しいが働くことはできる人への就労支援策として、こうした経験の応用も課題です。

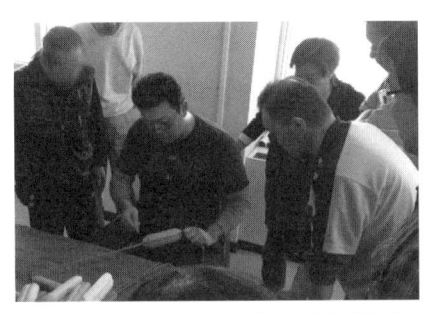 

整網作業の手順の説明を受ける参加者たち　整網作業の風景

図 16　釧路モデルの分析

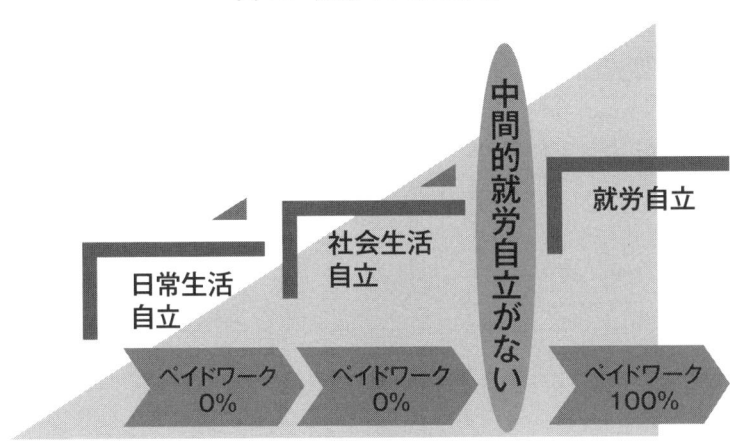

相談センターくらしごとの開設

　生活保護行政の枠組みから始まった自立支援の釧路モデルは、生活保護に留まらず地域の貧困・困窮問題の解決策にも生かされることになりました。それが2012（平成24）年に国の社会保障審議会特別部会で議論され生まれた「生活困窮者自立支援法」です。第1のセーフティーネットである雇用や労働法制、第3のセーフティーネットである生活保護制度との間の「第2のセーフティーネット」と位置づけられ、2015（平成27）年4月から施行されました。福祉事務所設置自治体に「自立相談支援事業」を必須事業として義務づけ、就労・子ども・家計・居住・一時生活（緊急に衣食住確保など）の5分野を支援の出口資源として（任意事業）定めました。2013（平成25）年から2か年、生活困窮者自立支援法の施行をにらみながらモデル事業を実施し、一般社団法人釧路社会的企業創造協議会には相談事業の委託をしました。

　相談センターは、「くらしごと（暮らし × 仕事）」の看板を掲げることになりました。社会的孤立、関係性の貧困を正面に据えている制度ですから、給付制度ではなく困難を抱えている人に、人が寄り添って支えることに主眼があります。相談窓口を開設し、アウトリーチ（訪問支援）、たらいまわしをしないワンストップ化、支援プラン作成、資源がなければ地域につくるなど、ソーシャルワークが求められているという理解が必要です。こういった考えのもと、市民に相談センター（くらしごと）の周知が大事だと考え、2015（平成27）年2月には新聞の折り込み含め約10万部の相談センターチラシを全戸配付しました。その結果、相談件数が倍に跳ね上がりました。一人ひとりに相談できるところがあると直接伝えることの大事さを実感しました。

　人を支えるには地域資源が欠かせません。既存の制度で支えられなけ

れば新しい制度をつくる、それが難しいなら地域で支えるインフォーマルな資源をつくることも求められます。生活に困窮している人が暮らしていける街は、誰もが暮らしやすい街だと考えれば、一人の相談から始まる資源づくりは地域づくりそのものだといえます。

横へ編む、庁内連携へ

庁内連携会議が18課（地域福祉課・介護高齢課・障がい福祉課・こども支援課・納税課・住宅課・上下水道部水道サービス課・商業労政課・都市経営課・市民生活課・健康推進課・国民健康保険課・市民協働推進課・医療年金課・教育委員会教育支援課・音別保健福祉課・阿寒保健福祉課・生活福祉事務所）によって、2014（平成26）年から発足しました。生活困窮者への相談から支援までの流れを他課に理解してもらうことや、必要であれば生活福祉事務所の職員が他課に出向くことについて共同歩調がとれることから始めています。より一元的な相談の流れにすることや他課の業務執行と困窮者課題の解決との接合も課題です。

また、生活保護の部署は生活福祉事務所、介護は介護高齢課と福祉分野も分野別のタテ割り組織となっています。生活困窮者自立支援の観点からみると、福祉関係部局における子どもから高齢者までを統合し、「仕事の見える化」につながる「新しい福祉事務所構想」などへの取り組みが必要です。民間福祉の実施主体が地域連携を進めていることから、行政においても地域のことがわかる機構の再編成が求められるに違いありません。

地域で人が育つ

昨年から「生活困窮者自立支援協議会」をくらしごとを設置し、民生委員・保護司・社会保険労務士・町内会・地域包括支援センター・

NPO・労働者協同組合・社会福祉協議会・専門学校・看護学校・介護事業所・企業などに集まってもらい、各分野が抱えている問題や生活困窮についての実情などの報告会が、2か月に一度開催されています。この報告会の実施により、連携は「顔の見える関係から」が基本であり、それを抜きにしたものは単なる事務連絡会に過ぎなくなることがハッキリしてきました。「分野が違う者同士のチーム支援が必要」という共通認識も生まれ、2016（平成28）年度はこの仕組みのバージョンアップが必要と考えています。具体的には、ワーキング・グループとして釧路地域の生活困窮者の割合の高い中学校区域を舞台に、チーム支援の具体化と試行によって新たな地域資源の創出などに取り組む予定です。

　一方、市役所各部局、ハローワークや法テラスなどの関係諸機関をメンバーとした新たな「多機関の協働による包括的支援体制」を構築し、生活福祉事務所が事務局となって単独相談機関では足らざる制度の狭間の部分をカバーするシステム化や調整機能体制を構築することが今後の課題となるでしょう。

２か月に一度開かれる生活困窮者自立支援協議会

釧路の魂——希望をもって生きる！

終わりにあたり、足かけ10年にわたる釧路市生活保護自立支援とはなんであったのか振り返ります。

「釧路の三角形」「釧路モデル」と呼ばれる釧路市生活福祉事務所発、生活保護受給者自立支援の取り組みは「釧路だからできた」といわれます。どこでもできる取り組みですが、唯一「釧路だから」といえるとするなら、それは「常識をあえて覆した支援策を継続してきた」ことに尽きます。釧路モデルの特質は3つです。第一は「自立」の考え方についてです。生活保護における「自立」は長らく生活保護の廃止、特に就労による「経済的自立」であり、そこに向けた指導や指示によって自立が図られるという自立観が常識とされてきました。一方、釧路市生活福祉事務所は保護を止める形での自立だけではなく、生活保護受給をしながらの自立があるという新しい自立観を問いかけました。指導指示によって引っぱり上げる自立から受給者自身の自尊感情の醸成を基本にボトムアップ型の自立がある、いいかえると当事者性に目線をおくという考え方によって自立と支援の構図が覆ったのです。

第二は「働き方を多様にとらえた」ことです。賃金が出るものだけを就労と考えず、公園整備を始めとしたお金が出ないボランティア作業を、一般就労と家にいる間の「中間的就労」と位置づけました。この取り組みによって、受給者が有用感をもつことができ「自分がやらなくては」という役割を実感する場になっていることは、参加者の感想で明らかです。中間的就労は一般就労前のステップに留まるものではありません。地域の困りごとをソーシャルビジネスや社会的企業の手法で解決することにつながるものと考え、釧路の自立支援三角形図の横軸として示しました（図14参照）。これは国が示すステップアップの構造、ゴール

は一般就労という考え方をも飲み込み疲弊する地方における新しい仕事起こし、働き方を開発するという理念になりうると思います。

　第3に地域とのかかわりです。自立支援策の検討や推進を地域の人や資源との関係性を盛り込みながら行うという福祉事務所運営としたことです。そうしなければボランティアの受け入れ一つ進むことはなかったでしょう。

　生活保護の特性もあって、内向きなのが全国の福祉事務所の常識でした。それが市民の中で生活保護についてさまざまな憶測、噂、偏見が生まれる一因です。釧路市の自立支援策の展開は「地域に発信する福祉事務所」へと変容をもたらし、その結果、生活保護行政への市民の理解が進むことになったことは大いなる覆しといえるでしょう。

　こうした釧路モデルの魂を土台に、支援する人、支援される人が入れ替わり循環しながらどっこいこの地で生き抜いていく、そのような共生的な地域社会を目指していきましょう。

あとがき

可視化と包摂的支援

釧路市生活福祉事務所 所長　山下　茂

　前書『希望をもって生きる』のあとがきで当時の所長は「自立支援プログラム」の取り組みをとおして、生活福祉事務所の活性化に大きく寄与したことが最も大きな気づきであったと述べています。

　自立支援プログラム事業の実施時に、当時は行財政改革推進室長として、現行組織とするために、生活保護課業務改善委員会や管理職などをはじめ多くの職員と議論いたしました。

　そうしたなか、2009（平成21）年に『希望をもって生きる』が出版され、釧路市の自立支援の取り組みが2010（平成22）年にNHK教育テレビで紹介されました。そのなかで高い評価を得たことが、市長の理解につながり、本当の意味での行政改革になったと思った記憶があります。

　2014（平成26）年に福祉事務所長となり、生活保護制度に関して素人であった私も、その仕組みの構築に携わり、10数年の間に所員のモチベーションが高くなっていることを実感しています。

　そのひとつとして、職員が「当市の自立支援プログラムは日常生活自立→社会生活自立→経済的自立と段階を踏んだステップを整備、中間的就労の再定義を行うことで、福祉と就労の新しい在り方を構築、政策、行政サービスに反映してきた。生活保護受給者を地域社会から排除せず、居場所や役割を提供しながら地域社会を構成する貴重な戦力として包摂していく」と説明している紙面や放送を目にし、多くの報道機関などを通じて「釧路モデル」が紹介されていることから、生活保護の実態と自立支援に関する情報が得られたことがあります。

所長になってからは、日頃から職員が、「就労意欲の喚起が図られた者が、一般企業で就労するにはまだまだハードルが高い。就労支援プログラムが一定の成果を得た現在、プログラムの発展、さらなる向上のため、新しい取り組みを始めなければならない。生活保護以前の生活困窮者にも同様の支援が求められている。生活困窮者に対し、社会的な居場所づくりと雇用をセットした新たな雇用の場をつくりだす必要がある」などと、職制に関係なく誰もが、所内や関係団体等での話し合いで述べているのを聞き、また現在も多くの視察や報道関係の取材がありますが、その中でも同じことを述べています。

　自立支援に対する取り組みが、職員の執務意識を向上させ、所内で共有が図られてきた職員の意識が、耳から目からと入り、当所が目指す自立支援のコンセプトが自然と身についたからです。

　少し脱線しますが、生活保護法（以下「法」という）第1条に自立を助長するとあります。私は助長ということをよい解釈で使用していなかったので、生活保護制度の過去の運用は「《苗を早く生長させようと思った宋の人が苗を引き抜いて枯らしてしまったという「孟子」公孫丑上の故事から》不必要な力添えをして、かえって害すること」という意識があったのではないか？過去は、当市も他の実施機関においても、そう思うような運用状況ではなかったかとの自問をしながら、なぜ助長を支援としなかったのかと考えてしまいます。

　しかし、現在の運用は、被保護者に対する就労自立一辺倒から、環境自立そして就労に向けての教養といった、環境からの離脱に向けての取り組みが行われており、このことは、助長が「力を添えて、あるものごとの成長や発展を助けること」との解釈できるものになってきていることを、今は実感しています。そのことは国がさまざまな施策を実施し、釧路市がそれを有効に活用させていただいたからこそと思うのです。

　これからも、国が被保護者の自立支援と生活困窮者自立支援制度の円滑な運営について、助長と支援という法の趣旨に鑑み、円滑な事業の実施に向けて十分な財政措置を講じていただく必要があります。

釧路チャレンジは「見える・つなぐ・広がる支援」

法に定める「必要な保護」という目的を、支援するという観点から見直し、最低限度の生活保障を行うだけでなく、自立を包摂的に支援するという視点が必要であるという強い思いと意識改革が釧路モデルの自立支援が生まれた背景にあったと思っています。

これからは、今まで以上に実施機関として、職員の意識を地域と共有することが重要なことであると考えています。

被保護者と自立支援の取り組みについて、実施機関として釧路市が目覚めている状態や作用を、釧路市民はもちろんのこと市民以外の多くの方々に見ていただくことが、支援事業のたいせつな柱であるとしました。

制度や自立支援について、何を、どうして、どのようにといった、目的、理由や方法などを問わずに、「可視化」を実施してきたことが、当所の活性化に寄与し、それによって市民、各種団体および企業などの理解や連携、協力などが深まり、進んできたと確信しています。

今までも、制度執務の閉鎖性を脱却するために未公開から公開へ、市民やその他に対し、市のホームページに制度説明、保護の動向、最低生活基準の具体例および釧路市自立支援プログラムの取り組み状況を掲載しています。

そして、釧路市の自立支援の取り組みを、福祉・労働関係誌やさまざまな情報誌に寄稿して知っていただくことにも職員は労を惜しまず、SROIを用いた生活保護自立支援プログラムの事業評価でその成果の見える化を実施してきました。このことは釧路公立大学をはじめとする研究機関とのつながりとなり、助言や専門的な見地から事業内容の検証をしていただける見える化の効果となりました。

さらに、多くの講演依頼、情報誌掲載、新聞報道およびテレビ放映で釧路市の自立支援プログラムを多くの方々に見聞していただき、それを知った人が生活保護受給者と自立支援の理解者となり、そして協力者となることを信じ、「可視化」に取り組んでいます。

また、被保護者には、生活面、病気、そして子どもの状況など就労に影響す

る要因や本人の考えをより深く把握できたことから、さまざまな視点で情報の提供をしております。

　当市における被保護者の就労状況は、収入が最低生活基準に届かず、経済的に自立に結びつかない世帯が多く、ほとんどはパートタイム、アルバイトや日雇い労働などの非正規雇用であり、経済的自立が恒久的になるにはハードルはかなり高いものがあります。

　そうしたなかでも、教養や家庭的なことから不安定な仕事にしか就けない、病気などで仕事が続けられない、住むところも不安定など、生活困窮の内容と原因は多様で深刻化しています。そのとき、その人が地域社会から切り離されないように包み込むように支援していくことが、釧路市の支援の在り方と考えています。

　そうした「包摂的支援」の社会的な居場所づくりとして、子ども支援や雇用の場の提供などを、当所と担当職員が試行錯誤をしながら実施し、その効果が具現化してきています。また、釧路チャレンジが目標とした「包摂的支援」が、社会的にも認知されたものと思っています。

　国は生活困窮者自立支援制度が機能するために、「包括的な支援」「早期的な支援」「創造的な支援」などを実現することを必要としました。また、こうした支援を実現するためには、地域のさまざまな社会資源に働きかけることが必要となり、発見や支援のネットワークを構築し、社会資源が不足すれば創造していくという、新しい形の「地域づくり」がこの制度の目標の一つであるとしています。

　これからは、生活困窮者自立支援事業に本格的に取り組むことになりますが、生活困窮者の基準はないうえに、生活困窮に至った、あるいは至る要因やそのことに対する本人の考えも把握できない人たちに、当所の取り組みをどのように見せていくのかが課題であると考えています。まずは必須とされている自立相談支援事業の対象者にアプローチすること、生活困窮の人が相談者となるように、相談業務についての「可視化」を進めると同時に、居場所や雇用な

どの仕組みづくりの充実を図ることとしています。

　自立支援は実施機関だけでは機能しないという認識と、「包摂的支援」が目標であることが、国と共有できたと思っているところであり、ハローワークをはじめとする国などの各機関や地域との連携をより一層に図り、地域全体が生活困窮者や被保護者を排除しないで、社会的に包み込んで支援できることを目指して、これからも釧路チャレンジは続いていきます。

　最後になりましたが、発刊にあたりご尽力をいただきました全国コミュニティライフサポートセンター（CLC）池田昌弘氏、七七舎の北川郁子氏をはじめ、釧路市の自立支援をここまで築いてきた諸先輩、元所員および関係者の皆様への感謝とお礼を申し上げます。

希望をもって生きる〈第2版〉
自立支援プログラムから生活困窮者支援へ　釧路チャレンジ

発行日　2016年2月10日　　第2版第1刷

編　者　釧路市福祉部生活福祉事務所編集委員会

発　行　全国コミュニティライフサポートセンター（CLC）
　　　　〒981-0932 宮城県仙台市青葉区木町 16-30　シンエイ木町ビル1F
　　　　TEL 022-727-8730　FAX 022-727-8737
　　　　http://www.clc-japan.com/

編集協力・制作　七七舎
装　幀　石原雅彦
印　刷　シナノ印刷（株）

ISBN978-4-904874-43-1